働くもののいのちと健康を守る運動
その原則と道筋

辻村一郎 著
藤野ゆき 編

せせらぎ出版

目次

まえがき …… 1

第1部　働くもののいのちと健康を守る運動と私 …… 5

第1章　いのちと健康を守る研究のはじめ …… 7
（1）駆け出しの頃　7
（2）はじめて見聞した労働組合のとりくみ　9
（3）地方自治体と労災職業病　11

第2章　鉄鋼業での安全問題 …… 13
（1）中小鉄鋼業の「合理化」と安全競争　14
（2）重大災害と労使の対応　15
（3）鉄鋼大手の災害多発　16
（4）労働組合が団結すれば災害は減る　22

第3章　患者会ができる必然性 …… 24
（1）職業病全国交流集会発足と全国的規模の産業別交流の展開　24

（2）労災職業病闘争の課題を「合理化」反対闘争の「基底」にすえる　28
（3）大阪職対連とその「活動原理」　32
（4）「患者会」発生の必然性　34

第4章　「いのちと健康」第一の労働組合……36
（1）労働組合と患者会の「いきちがい」とその克服　37
（2）「患者の立場に立つ」とは　39
（3）「いのちと健康第一」の労働組合　41

第5章　人間尊厳の自覚が運動の始まり……49
（1）電電公社のけいわん闘争　50
（2）家内労働者の職業病裁判　55

第6章　働くもののいのちと健康を守る意義……61
（1）運動の道筋と論理を考える　61
（2）予防と補償のために　67
（3）人間回復の運動として　75

第2部　大阪職対連と大阪労働健康安全センター
——役割のちがい——……83

はじめに……85

第1章　大阪職対連成立の背景……86

（1）1960年代の大阪のとりくみ　86

（2）大阪職業病対策協議会（職対協）の発足　87

（3）1960年代の補償と予防運動の全国的状況　89

第2章　労災職業病一泊学校にみる運動の展開……92

（1）大阪職対連の取り組み　92

（2）参加者の増加と構造変化　95

（3）大企業の「職場の健康を守る会」の参加　97

第3章　大阪労働健康安全センター設立の背景……99
（1）幅広い分野の研究者との共同　99
（2）労使関係の変化　101
第4章　大阪労働健康安全センターの設立……107
（1）安全センター設立への要求　107
（2）大阪労連のセンター設立の取り組み　109
（3）大阪職対連と大阪労働安全センターの役割の違いと課題　115
第5章　職対連と関係組織……119
（1）職対連とはなにか　119
（2）職場の「健康を守る会」の果たした役割と今日的課題　127
（3）「働くもののいのちと健康を守る全国センター」への期待　134

第3部　いのちと健康を守る運動の基本 …… 149

第1章　労働組合の生命と健康を守る運動の課題と期待 …… 151

（1）労働者・労働組合の労災・職業病闘争の基本と戦線分野　152
（2）労働組合の役割と課題　156

第2章　予防と補償を結合した運動を …… 161

（1）補償闘争から出発して安全闘争へ　162
（2）予防と補償の統一の必然性　166
（3）まとめ　169

第3章　いのちと健康を守る課題の位置づけ …… 170

（1）労働者のケガと病気　172
（2）いのちと健康を守る課題の位置づけ　174
（3）いのちと健康を守る課題は扇の要　176

第4部　労働者・労働組合の職場における安全衛生活動……179
はじめに……181
第1章　労働者の健康をどのようにとらえるか……182
(1) 労働と生活と健康　182
(2) 健康を守る立場から職場をみる　184
第2章　労働者・労働組合の安全衛生活動……188
(1) 事業者に安全衛生管理体制を確立させること　189
(2) 職場点検活動の意義　191
(3) 点検活動の進め方　193
(4) 点検活動を基礎にした諸権利の確立　194
第3章　いのちと健康を守る課題の位置づけと方向性……196
(1) いのちを守る運動は企業にとってはアキレス腱　197
(2) 「かなめ」となるいのちと健康を守る課題　198

第4章　安全衛生活動の権利確保と当面の課題……200

第5部　労働者の「こころの健康」を守る運動……203

はじめに……205

第1章　心の病気、不健康をつくり出す職場……212
（1）人間の生理の限界を超える過密労働　213
（2）能力主義管理と競争　217
（3）横行する排除・孤立政策　222
（4）ストレスを生みだす職場・生活環境　225

第2章　職場における心の健康を守るとりくみ……228
（1）心の不健康対象者を放置しないこと　230
（2）専門医に相談すること　231
（3）心の健康の水準をはかる4つのポイント　233

初出について　237
著者略歴　239

まえがき

辻村一郎先生は大阪を中心に、労働者のいのちと健康を守る運動を研究テーマとして、労働者とともに一生を歩まれた。医師、弁護士、労働衛生、経済、法学などの研究者とともに、社会科学の立場から研究を続け、最期まで信念を貫かれた。

本書は若き辻村青年が労働者の中に足を踏み入れることからはじまる。経済哲学を学び、同志社大学に就職したのち、文学部社会学科産業関係専攻で教鞭をとる機会にあたり、「労働災害」へ関心をむけた。職場という搾取の現場では、労働者の意識が低くなれば、いとも簡単にいのちや健康の扱いが軽視され、災害が発生する。そのことを目の当たりにして「これが自らの研究テーマ」と実感していく。

この歩みにおいて、活動家との出会いは重要なものとして描かれる。労働現場では、健康を破壊する原因の追求とその予防は職場を科学的に捉える力をもった活動家の存在が欠かせない。研究の道筋において、多くの活動家が登場し、その理論を支えている。

労働運動との関わり、その組織化に尽力された経過は、労学共同の歩みとして重要である。労働運動が盛んであった１９６０年代は、同時に労働災害、職業病も多発した時期でもある。しかし、必ずしも労働安全衛生は労働組合の中心課題とならないこともあり、隅へと追いやられることもあった。そこで、職業病、主として頸肩腕障害の患者の視点から、いのちと健康を守ることとの意義を考え、働きかける。患者こそ労働現場の問題をこころと体を通して表現していることを基本として労働運動に働きかけている。

いのちと健康を守ることとは全ての運動の土台であり、諸課題の扇の要である。運動の礎である「いのちと健康」をその原則とすることが静かに、そして強く語られる。

原則は今の時代にもつながるものである。本書は、１９６０〜１９９０年代の記述が数多く登場する。働き方は大きく変化し、電話交換手という職業は目にすることもなくなり、ＰＣの普及により金融職場など事務職場のありようも大きく変化してきている。働き方が大きく変わっているにも関わらず、そこに貫かれている原則は今も変わらず学ぶものがある。編集を進めるにあたって、これは過去の業績をまとめたものではなく、現代の運動の教科書であることを実感している。

結成から50年を迎えようとしている大阪職対連の運動の基本は確実にこの中に存在している。過去から現在へのつながり、運動の継続性と展開がある。

２０１５年の秋、入院している病院まで来るようにと連絡を受けた。書籍の整理とともに、「本を書きたい」と苦しい息づかいながらもはっきりと述べられた。運動の原則を最期まで変わらず考え続け、私たちに残そうとされた姿は今も忘れることができない。

そして「現場はいい。なぜだかわかるか」と問いかけられた。「労働現場は搾取の現場であるからや」と研究の原点がそこにあることを告げられ、その思いを託されたように感じた。病床においても労働者が搾取されることに怒りと憤りを感じ、未来の

まえがき

世界での労働者が幸せに働けることを展望されていた。今がつらい時代であっても、職場をよくしていくという意志を絶やすことなくもち続けることを忘れてはいけない。そのことを本書でお伝えしたい。

2017年1月

藤野　ゆき

第1部
働くもののいのちと健康を守る運動と私

第１章　いのちと健康を守る研究のはじめ

(1) 駆け出しの頃

「労災・職業病の問題」を研究することになったきっかけと、いのちと健康を守る運動発展の論理構造に関心をもった経緯を振り返る。

私が「合理化と労災・職業病」をテーマに研究を始めたのは、１９６７年の春であった。学生のころから、「経済哲学」という抽象的な学問をしていたが、突然、具体的で実証的な研究を始めることになった。１９６６年４月に同志社大学文学部社会学科に産業関係学専攻が新設されたが、そこで、「労働問題」の講義を担当したことがきっかけだった。当時、「資本主義は変わった。マルクスやレーニンがいったように資本主義経済が発展するにつれて、労働者、国民が貧困化するというのは間違いだ」「現実は社会が繁栄し、豊かになっているではないか」という考えが大学の中にも大きく流れていた。しかし、経済の繁栄の一方で、公害とともに労働災害や職業病が量質ともに深刻になっていたり、住民や労働者のいのちと健康の被害は拡大し、深化していったのである。

公害は社会問題になっていたが、労災職業病はそうはなっていなかった。実際、政府統計でさえ、当時（1968～1969年）、労災保険適用労働者2300万人中171万人が1年間にケガや病気で労災保険を新規に受給し、死亡者が5千人を超えていた。1日4700人がケガや病気になり、14人が死亡している。この他に認定基準からもれているものが多数あり、また、国家公務員・地方公務員や公共企業体職員、それに事実上労働者であるが内職・家内労働者として労災保険の適用外になっている労働者が多数いる。私はその実態を知らなければならないと考えた。

細川汀『職業病と労働災害』（労働経済社1966年4月）、藤本武『労働災害』（新日本出版社1965年5月）坂寄俊雄・細川汀・窪田隼人『現代の労働災害と職業病』（労働旬報社1967年10月）は、貴重な文献であった。これらの著書が、勉強を始めた私にタイミングよく出版された。読むうちに、現場に行くこと、現場の人から見聞しなければならないと考えた。医師は患者から、弁護士は依頼者から出かけてくれるが、私のような社会科学の研究者は、こちらから出向かなければ会って貰えないし資料も入手できない。

(2) はじめて見聞した労働組合のとりくみ

大阪の鉄鋼・金属を選び、紹介なしのとび込みで回った。大阪製鋼、淀川製鋼、国光製鋼などは工場内に入った。また、地域の医療機関に集まってくる労働者から聞き取りをした。

A製鋼では門で守衛に用件をいうと、労災のことなら組合では分からないから、会社の厚生課に行けとアドヴァイスしてくれた。折角だったが、敢えて組合事務所に行った。聞きとりの「方法論」をまだもっていなかったので、糸口としてここ数年間の災害発生件数を聞いた。すると書記長は電話で会社の厚生課に災害件数のコピーを依頼した。労働組合独自の災害統計を作っていなかったのである。しばらくして書記長はコピーをもって帰ってきた。前年、前々年と死亡災害が数件出ていた。

前年の2件の死亡災害発生の日にちを聞いた。1件はすぐ分かったが、もう1件の資料が出てこない。その内に、正午のサイレンが鳴り、やがて事務所に7～8人労働者がどやどやと駆け込んできた。書記長はさっそく、「茂やんが死んだん、いつやった」と聞いた。「6月の中頃やった」とか、「あれは、確か7月かかりやった」とかいってはっきりしない。後から入ってきた労働者が、「茂やんか、あいつが死んだんは7月15日やった」と答えた。「忘れもせん、前の日から東京の集会に行ってて、16日の朝、大阪駅について直ぐ家に電話したら、嫁はんが泣きなき茂ちゃんが昨日死んだんや、いうてた。間違いない、覚えてる」――これで決まった。

守衛のアドヴァイスや労働組合独自に作成した災害統計のないことなど、労災問題に対する労使の対応や労働組合のとりくみ状況の一端がはやくもわかり、その後の聞き取りの視点が浮かんできた。その数ヶ月後、労働者に紹介されて田尻俊一郎先生（後に淀協社医研所長）をたずねた。大阪此花区の汽車会社、日立造船など大企業6社

（通称西6社）の活動家の労働安全衛生研究会について聞き、その後しばらくして私も参加した。

（3）地方自治体と労災職業病

労働安全・災害補償の責任は企業と国にあり、自治体行政としては直接かかわりのある部分は少ない。しかし、住民の安全・衛生が不備で、いのちと健康が脅かされているのを放置できない。1960年代後半、京都革新府政は「憲法をくらしの中にいかす」ことと「住民自身がくらしを守るための自主的・民主的な運動を育成する」ことを府政の基本姿勢とした。この立場から民有林労働者の「はくろう病」対策、清水陶磁器労働者の「じん肺」対策、西陣労働者の健康調査、「むちうち対策協議会」への事業助成などを積極的に進めた。筆者は1974年京都府から「じん肺患者生活実態調査」を委託された[注1]。目的は補償制度や企業責任の問題および自治体の役割などの整理を試みることであった。対象者総数450名で、管理区分4[注2]が260名、管理区分３が67名、管理区分２が１２３名だった。管理区分４はほぼ全員である。

大阪革新府政は１９７４年に「大阪府職業病センター」を開設した。大阪地評が１９７１年に「大阪府立職業病センターなどの施設設置に関する構想試案」を、「大阪頸肩腕羅病者の会」が１９７２年に「職業病センター設立に関して」13項目の要望事項を出していた。[注3] 私は自治体労働行政の労災職業病対策は、労働者・労働組合の自主的ないのちと健康を守る運動の発展に対応するものであり、その対応関係のなかで運動組織の強化も保障されると考えた。この課題は現在再構成される必要がある。

私は細川先生中心の「京都労災職業病研究会」、民主法律協会（民法協）の「いのちと権利研究会」、大阪労働者の生命と健康を守る実行委員会（現、大阪職対連）、京都労災職業病実行委員会（現、京都職対連）に参加して研究の場に恵まれた。研究をはじめてから5年の間に、職場と地域におけるいのちと健康を守る運動の課題と道筋、運動発展の論理構造に関心を強めたのである。

（注１）京都府民生労働部『じん肺患者生活実態調査報告書』１９７５年２月

（注2）じん肺の「管理区分」とは、じん肺健康診断の結果に基づき決定されるものであり、管理1、管理2、管理3（イ又はロ）、管理4の5段階に分かれる。管理1はじん肺の所見がないという区分で、管理2以上はじん肺の所見があるということを示しており、数字が大きくなるに従いじん肺が進行していることになる。

（注3）大阪府労働者の生命と健康を守る連絡協議会「労働者の生命と健康を守る自治体施策についての要望書」大阪労働者の生命と健康を守る実行委員会『労働と健康』第9号、1975年4月

第2章　鉄鋼業での安全問題

ここでは1960年代末から1970年代初頭の鉄鋼大手の「合理化」と労働者のたたかい及び反「合理化」運動における、いのちと健康を守る運動の位置づけを考察する。

(1) 中小鉄鋼業の「合理化」と安全競争

１９６０年代後半から新鋭機械の導入（連続鋳造機、加熱炉、転炉などの大型化）、要員削減、下請工の導入、スピードアップそして生産量の急増。夜勤の連続作業、待ち時間の排除、有休のしめつけ、休日出勤、休憩時間の短縮。労務管理の強化による精神面のストレス増加。その結果、労災死亡が数年ぶりに発生している例が多かった（全国的な災害多発傾向と同じ）。労働安全衛生法（１９７２年）以前ではあったが、労働基準法に基づいて、安全衛生対策機構は企業によって様々な形態をとって動いていた。企業の安全対策の基本的考え方は、労働者の不注意を災害の原因とした。したがって、企業の安全管理は労働者の注意を喚起する精神主義的活動であった。喚呼確認運動競技会、安全祈願祭、安全社内給食、新人里親制度（新入者1人に里親が1人1ヵ月間行動を共にする）、工場内緑化運動、ポスター・作文・標語の安全提案、安全標語を刷ったマッチを配る、〝ご安全に〟のリボンを胸につける、安全五つの誓いの唱和。災害が発生した職場にアドバルーンを揚げる。次に災害が発生すると、アドバルーンをその職場に移動させる。安全競争・無災害記録樹立競争と安全表彰（労働省提唱）など[注1]である。

いき過ぎた安全競争の下で、成績最下位の職場の労働者は、隣の職場で事故を起こしてくれないかと思う自分にドキッとすると述懐していた。また、安全競争のやり過ぎは、災害を労働者自身が隠したり、職制にいわれて隠すことが増えてきた。過度の精神主義的安全対策によるストレスの訴えを聞くことが多かった。

(2) 重大災害と労使の対応

重大災害発生時における企業と労働組合、職制と職場労働者との力関係如何が災害原因究明と事後の改善対策を左右する。

B鉄鋼所では死亡災害発生と同時に、いのちと健康を守る権利意識の強い労働者による即座の救急と抗議があり、近接職場からも労働者が集まり、労働者自らが現場検証して役付き責任者を追及し、2時間機械を止めて事実上の抗議ストを行った。しかし、これは自然発生的な行動で、その後、企業側の「対策会議」にまで運動が届かず、労働者・労働組合の見解・意見は反映できなかった。[注2] この反省から、現場の怒りの抗議を、すぐさま組合の組織的な（抗議）活動として軌道にのせることになった。また、それまで安全委員会は労使協調の場（労働安全衛生法成立以前にはこの考え方が少なくなかった）であったと考えて組合側委員を出さなかったが、団体交渉をベースに委員会を活用するという方針をもって組合側委員を推薦することを決めた。

私は災害発生時にその職場に活動家がいることが決定的に大事であること、組合の安全に対する基本姿勢と組織的系統的なとりくみの大事さを知った。後に考えるようになった「いのちと健康を守る運動発展の道筋」の大事なポイントであった。

(3) 鉄鋼大手の災害多発

1960年代に鉄鋼大手は新鋭製鉄所の建設や大型合併を急速にすすめ、それとともに災害が急増した。新日鉄君津の当時世界最大級の高炉建設作業における災害多発の報告がある。１９６７年３月から１９６８年11月までの災害は、１９６７年は死亡１人、ケガ１８８人、１９６８年は死亡27人、ケガ３２５人である。この20か月間の死傷者は合わせて５１５人で、ケガも重傷が少なくない。足の切断、失明もある。[注3] これは鉄鋼産業の災害多発の一端を示している。

①「3組3交替」から「4組3交替」へ

１９７０年４月１日から大手鉄鋼は夜勤交替制のシフトを３組３交替制から４組３交替制に変えた。これは鉄鋼労働者の長年の要求であった。

３組３交替の勤務番は甲番（7時～15時）、乙番（15時～22時）、丙番（22時～７時）である。そしてA組、B組、C組がそれぞれの番（直）を１週間交替で回る。土曜日まで丙番であった組（例えばC組）は、日曜日が明け休みになる。そのC組は月曜日には甲番に入るので休みは4時間しかない。つまり、A組は甲番を終えた後、連続して乙番に入らなければならない。すなわち15時間の連続勤務（連勤）である。ちなみに

A組はそのまま土曜日まで乙番である。このようにして夜勤明けから次の勤務までが短いことと、連勤が労働者の健康と生活にとって深刻な問題であった。

これに対して、4組3交替制は交替番（直）を甲番、乙番、丙番、非番（休み）と4つ作る。組も4つで、どの組も5日勤務して2日休み、また5日勤務して2日休みと続く。連勤はなくなり休日も増えた。[注4] 明らかにシステムは改善された。ところが災害は増加した。「鉄鋼産業年度別災害統計」（日本鉄鋼連盟1971年）をみると、死亡災害は本工が68人（前年は57人）、協力会社（下請け）が191人（同125人）計259人に急増している（同182人）。とくに新日鉄（1970年3月に富士製鉄と八幡製鉄が合併）では、死亡災害が本工19人、協力会社75人、計94人であった。鉄鋼産業全体の3分の1弱である。

「手作業の多い職場のケガは『はさまれ』や『巻き込まれ』による骨折の多発。軌条の強度検査で重量物落下の下敷き災害、溶鋼を冷却するために使用した後の沸騰した熱湯を被って火傷、高炉の上や炉前作業中の一酸化炭素中毒など、あげれば際限がなかった。また、秒刻みの作業で3秒間機械を止めることも許されない中で、800

度の鋼塊の上を移動する起重機のクーラーや信号機、警報器などが故障しても修理の時間を節約するために作業を続けて起こした災害」などが報告されていた。安全衛生管理体制は、有効に機能しているとは到底いえず、前回見たような「ケガの不注意論」が支配的であった。

私は1970年秋に学会のついでに鉄鋼連盟を訪問した。迎えてくれた人は、「災害が増えています。4組3交替制に問題があるようです」と教えてくれた。その足で、鉄鋼労連を訪問した。災害増加の件では、「災害の増加の原因は4組3交替制ではないでしょう」という意見だった。この両者の対応から、わが国の労使関係をみるためのヒントを得たと思った。

②「4組3交替制」の問題点

なぜ災害が多発したのか。シフト変更の中で次の実態が明らかになった。

（1）事実上の人減らし。つまり3組を4組にしたが全体の人員をほとんど増やさなかったから1組の人員が減った。

（2）実働時間が7時間から7時間15分に延長し、休憩時間を短縮（60分から45分）した。

（3）出勤の時間管理をタイムレコーダーなどから面着制にかえた。いわゆるハンドル交替。

（4）休日数は84日とし、他に予備直日（7回）を設け、業務上必要ない場合、年休の計画的取得にあてる（このシフトでは年間休日は91回になるが、その内7日を年休で消化したことにする）。予備直は休日ではないが出勤しても仕事がないという理由で、その日に年休を取得したことにする。[注5]

（5）休憩時間を分割し、個人別に割り当てる。45分を25分（食事休憩）と20分（作業休憩）に分け、ひとり一人に割り当てる（したがって、人によっては食事が極端に早い時間になったり、遅い時間になったりする）。

（6）減収（引き継ぎ残業手当の廃止。工長層で30分、一般工で15分が無給になる）。

私は、この聞き取り調査から以下のことを知った。第1に、労使が協調して「合理化」を推進し、活動家の孤立化施策が進んでいたにもかかわらず、権利意識の強い活動家による多発災害の告発、確かな「合理化」分析、対策の要求運動、そして被災者救済の運動の推進が被災者を大きく支えていたこと。１９６９年４月創刊の「製鉄労働者新聞」は製鉄労働者の「合理化」反対、いのちと権利を守る運動を大いに励ましていた。運動には機関誌の役割は大きい。[注6] 第２に、この「３・３制から４・３制へ」は、わが国における労働時間に関する「制度改善」が改善にならず、かえって労働強化・搾取強化になることの実例である。週休２日制も60年代前半から始まるが、実施した職場では年間総労働時間は変わらないか、逆に延長するところが少なくなかった。それは１日の労働時間の延長や休憩時間の短縮だけではない。時間管理の「強化」は始業終業時間の切り取り、作業準備・片付けの時間外化、余裕時間の排除、恒常的残業、さらにサービス残業の常態化。その具体的結果が労災と健康障害、過労死の増加であった。数年前から実施されている学校の週休２日制も、この流れの中にある。生徒にも教員にも「ゆとり」ができたとはいえない。それどころか教員の多忙化は一層進んだ。

(4) 労働組合が団結すれば災害は減る

1960年代後半、ある製鉄所（K製鋼）の労働組合は春闘中の3カ月間、隔日に午後の2時間ストで闘った。この3か月間は災害を起こさなかった。それは職制の命令より労働組合の指令を優先し、仕事の指揮は組合が取り「危険な作業はするな」ということを徹底したのである。それまで発生していた毎月5～6件の休業災害が、その3か月間は災害0となった。ところが5月に入って会社に切り崩されてしまい、また災害発生が元に戻った。これは労働組合にとって貴重な経験であると書記長は振り返っていたが、私には貴重な聞き取りであった。

労働組合の分裂や弱体化の直後に大災害が発生している。三池大災害だけではない。労働組合の団結は災害を減らし、分裂や弱体化は災害を招く。これは「法則」ではないか。

（注1）辻村一郎「大阪における鉄鋼業の労働災害」同志社大学『人文学』第109号
　１９６８年11月（86頁）
（注2）辻村一郎、前掲書（96頁）
（注3）松岡三郎 他「労災闘争の現状・問題点と今後の運動の課題―労働組合の基本的視点と職場点検闘争の焦点」『労働法律旬報』No.７４５・７４６号　１９７０年７月
（注4）労働者ルポルタージュ集団『職場―ルポルタージュ』新日本新書、１９７１年９月
（注5）１９７１年に新日鉄広畑製鉄所の労働者が年休の計画的取得は労基法違反として訴え、後に和解した。
（注6）「製鉄労働者新聞」製鉄労働者新聞社、２００５年8月で１２３８号

第3章　患者会ができる必然性

(1) 職業病全国交流集会発足と全国的規模の産業別交流の展開

1967年9月、金融共闘、新聞労連、紙パ労連、全自運などの労働組合や東京職対連、民医連、新医協など27団体が主催し、社会保障推進協議会（社保協）と労働者安全センターの後援で「けんしょう炎、腰痛症、ムチウチ症など職業病をなくし、生命と健康を守る全国交流集会」（後の職業病全国交流集会）が東京で開催された。私は偶然、細川汀先生と同じ分散会になり、それ以降、指導を受けてきた。

1960年前後からの「合理化」の結果は災害だけでなく新しい有害物質、有害作業による中毒が広がり、一方、技術革新や機械化に伴う労働負担の変化から神経症・胃障害・腰痛・視力低下が増加、また電子機器・自動鋸など新しい機械・器具の採用から「パンチャー病」「白ろう病」などの新しい職業病が発生した。

ところで、労災・職業病の激発は「合理化」の結果であることを労働組合が認識し、労働運動の場で安全衛生問題が重視されだしたのは１９６３年11月３日の三池大災害と同日の鶴見列車事故の発生以降であった。敗戦後、新憲法と労働基準法、労働者災害補償保険法、鉱山保安法など労働保護立法が体系化され、けい肺法（後のじん肺法）もできた。化繊、造船、鉱山、炭鉱などでの労災職業病の貴重な運動もあった。しかし、労働運動全体の場で「合理化」反対と結合させての安全衛生活動は三池大災害を契機に展開した。そして、それまでの一職場・一地域のとりくみから、産業別・全国的規模での学習と交流が持たれるようになった。１９６７～１９６８年の頃である。

１９６４年炭労大会は「反合理化闘争の基本を『首切りとの対決』から一歩掘り下げて〝生命を守る〟ことにおき、全組織をあげてたたかう」ことを決定した。同年、総評臨時大会では「合理化政策から労働者と国民の生命と健康を守るたたかいのすすめかた」を決定した。１９６６年「日本労働者安全センター」が総評・中立労連、学識経験者を中心に設立された。

1967年、「いのちと健康を守る国公交流集会」「日本ムチウチ症連絡協議会」「労働災害、職業病対策のための金融共闘会議の全国代表者会議」「鉄鋼労連の安全担当者拡大会議」、総評・安全センターによる全国9ブロックでの「労働者側の労災防止指導員の研究集会」などがもたれた。

激発する労災職業病に対し、「労働者は労働力は売っているが、いのちまでは売っていない」とたたかった。総評弁護団は交通事故裁判に対して余りにも少ない労災裁判をみて「いまこそ労災裁判を」と提唱したのも1968年だった。抗議ストもたたかわれ、予防と補償（企業内補償）の協約化も前進した。

1968年、「労災職業病一泊学校」が開かれた。大阪職対連を中心に労働組合、患者会、医師、弁護士、研究者、医療機関などが集まって、「働くもののいのちと健康を守る運動をどうすすめるか、とことん話し合おう」とはじめられた。「ケガや病気で悩み苦しんでいる人。たたかっている人たちの学習と交流。協力と仲間づくりが最も大切なこと」がわかった。

当時、このような集会参加者は４人に１人が医師、看護師、ケースワーカー、職員など医療関係者で、その他に弁護士、研究者、全労働の労働基準監督官も参加している。この構成は、この運動の原理的特徴である。

また、参加者の半分以上は患者で、ほとんどが女性であった。患者は頸肩腕障害（けいわん）や腰痛の苦痛に耐えられず、積み重ねた布団を背に横たわりながら熱心に訴え、討論し、交流していた。このような患者の苦しみと悩みを理解し、支え、ねばり強く運動してきた職場の活動家による労災認定闘争とその勝利が、いのちと健康を守る労働運動を前進させるのに大きな役割を果たしていることを知った。さらに、医師が被災者・患者・労働者の「こころと体」を通して職場の労働と資本主義的合理化を理解すること。労働衛生は運動の中で発展すること。他方、労働者は医師の職場状況に対する質問や診断を媒介にして、職場を見る目を獲得し、権利を自覚していくプロセスが分かってきた。この頃から私は「いのちと健康を守る運動の道筋と論理」に関心がでてきた。

(2) 労災職業病闘争の課題を「合理化」反対闘争の「基底」にすえる

①日本共産党の「労災職業病の予防と補償の政策」

1963年の三池炭鉱大災害を契機にして労災職業病運動が「合理化」反対と結びつけられるようになったと前述した。1960年代、年々の労災職業病増大のもとで補償と予防の闘争は前進した。日本共産党は1969年に、「労働災害と職業病を根絶し、犠牲者と遺族に対する完全補償をかちとるための当面の政策」を出した。[注1]

その1年前には日本共産党大阪府委員会が「労働災害と職業病から大阪の労働者を守るために」の冊子を出版した。[注2] 前者が取り上げた問題は次のようなものであった。

第1は、労働災害と職業病（以下、労災職業病とする－筆者）の増大の原因。

第2は、労災職業病の根絶。犠牲者と遺族に対する完全補償のための当面の要求。ここでは作業管理と健康管理の問題、労働強化、スピード、作業量の軽減。危険・有害職場の女子年少労働の禁止、保護具の支給、深夜業・交替制の制限、定期検診・特殊健診の完全実施と公的サービス機関の設置、中小企業への助成。認定問題では、新しい職業病を政令に明記し速やかな認定、労働者の医師選択の権利確立、資本家の立証責任の確立と安全衛生に関する法違反の処罰。補償問題では、死亡補償加給一時金の大幅引き上げ、被災者の生活保障。通勤途上の交通事故の労災扱い。社外工・組夫の安全保持と労災補償の元請け責任制度確立。労働組合の安全点検活動の自由の保障、法違反の危険がある場合の就労拒否権の確立、安全教育の民主化、新設備・機械の安全衛生についての事前の団体交渉の義務化、安全衛生の産業別協定の義務化、労働者による監督制度の確立、安全衛生委員会設置の義務化とその民主化。行政に関する問題では、監督制度の民主化と拡大、「予告監督」の禁止、監督内容の公開、労働者半数を占める民主的な労災防止機関の設置、労災保険積立金の民主的使用。

第3は、要求実現の基本方向で労災職業病のもっとも緊急な課題は、資本家的合理化に反対する重要な一環として生命と健康を守る要求と闘争を全面的に発展させること。災害に労働者と労働組合が専門家と調査団をつくり原因調査に当たること。災害発生には抗議とストライキを含む強力な闘争。労災職業病問題では加盟組織を異にする労働組合の間の大衆的交流と統一行動を発展させること。労働基準法、労働者災害補償保険法、じん肺法、鉱山保安法、労働安全衛生規則の労働者に有利な条項を守らせること。コンビナートや新産業都市計画が労働者の搾取と抑圧を強化し生命と健康を破壊していること（四日市公害など）から労働組合と地域住民の健康を守る共同闘争を発展させること。

②「いのちと健康問題」は「合理化」の究極の結果

以上は項目だけで「政策」の根拠、趣旨の紹介は省略するが、私はこの「政策」はまことに時宜にかなったものと思った。冒頭にでてくる「労災職業病を根絶するための独自のたたかいの前進は、いよいよ重要な課題」という点は大賛成だった。しかし、最後の要求実現の基本方向として、「労災職業病のもっとも緊急な課題は資本家的合理化に反対する重要な一環として生命と健康を守る要求と闘争を全面的に発展させる」という箇所が気になった。私は、労災職業病の運動は、反「合理化」闘争の一環ではなく、反「合理化」闘争の基底に据えるべき運動「課題」と規定すべきだと考

えていた。[注3]

それは、当時の労働組合が「今年度の春闘（あるいは秋闘）には、労災職業病を重要な柱にする」ということを方針に入れることが少なくなかった。私は、「いのちと健康の問題」は一つの柱ではなく、土台であると主張していた。危惧したとおり、数年後その柱は隅っこに追いやられたり、無くなっている場合もあった。また、「現在の労働者状態の特徴」として「長時間労働、強制配転、単身赴任、などと同列に精神疾患、過労死」などが並べられることがしばしばあった。論理的には「いのちと健康問題」は「合理化」の諸結果の一つではなく、究極の結果である。その意味で、「いのちと健康を守る課題」を反「合理化」闘争の基底に置くと規定するのである。この点については、「いのちと健康を守る課題」の労働者・労働組合運動の位置づけのところで論じたい。

(3) 大阪職対連とその「活動原理」

筆者が大阪職対連に入会したのは1968年の春である。大阪では民医連の伝法高見診療所の「労働衛生研究会」が中心になって1962年に運輸労働者の反「合理化」闘争の一環として疲労調査を実施し、「合理化」を撤回させた。1963年から1964年には、住友電工の核燃料開発研究員（藤井光興さん）の白血病死労災認定運動、ヘップサンダル製造者のベンゼン中毒、日本触媒フタロジニトリル製造の「てんかん発作」に対するとりくみなどがあった。また、1966年7月、キーパンチャー、タイピストの「ケンショウ炎」問題にとりくんでいた全損保の呼びかけによる大阪職業病対策協議会（職対協）が第1回総会を開き、全損保関西地協、全損保タイピスト懇談会、大証労組、外銀連、報知新聞労組、上二病院を事務局団体として出発し、けいわんの治療や認定闘争がとりくまれた。

このような運動の継承・発展として1968年5月、この分野で活動していた労働組合、職対協、民医連、新医協、民法協などによって「大阪労働者の生命と健康を守る実行委員会」（現、大阪労災職業病対策連絡会・略称大阪職対連）が結成された。職対連の日常的な活動は学習と交流、相談活動、宣伝活動、対行政活動などであった。年間を通じて「労災職業病春闘討論集会」「労災職業病一泊学校」「労働衛生講座」「職業病全国交流集会にむけての呼びかけ集会」「労災職業病年末集会」。さらに「活動家のための二泊学校」も数年続けたことがあり、「学習と交流」を精力的にとりくんだ。

自分のテーマである「合理化と労災職業病」、「労働者のいのちと健康を守る運動論」の研究にとっては実に恵まれた環境にあった。労災職業病の地域組織は京都、兵庫、東京をはじめ１９６０年代後半から１９７０年代初頭にかけて全国的に発足した。京都職業病対策連絡会（現、京都労災職業病対策連絡会議・略称京都職対連）は１９６７年に結成されていて、ここでも大いに勉強した。

ところで職対連の構成は患者・患者会、労働者・労働組合、医師・医療機関、弁護士、など専門家・研究者（労働衛生、人間工学、法学、経済学、社会科学など）、全労働（労働基準監督官）であった。私は、①学習と交流、②相談活動、③宣伝活動、④対行政活動の四つが基本活動で、これをいのちと健康を守る地域組織の「活動原理」と考えている。ここでいう活動原理とは、この活動が地域組織の継続発展を保障するものでいずれかが鈍ってくると地域組織の運動が停滞するものということである。現実にはもっといろいろな活動をするが、それらはこの基本活動の具体的展開である。この構成と活動原理が働くもののいのちと健康を守る地域組織の特質である。

後述するが、いのちと健康を守る地域組織と職場の労働運動・労働組合運動とのかかわりを明確にすることも、いのちと健康を守る運動論の課題である。

⑷「患者会」発生の必然性

１９６０年代の「けいわん」患者は、はじめは自分の病気が職業病であるとは思っていない。ただただ身体の苦痛を癒して欲しいために医師を訪ねる。労働と生活との関連で病気を診てくれる医師にたどり着いたときに初めて職業病（けいわん）であることを知る。１９６０年代半ば頃は、今までに経験のない病気であったことから医師の間に診断・治療について見解の違いが少なくなかった。そのことは、患者にとっては不安である。多くは医療機関の待合室などで患者同士が話し合う中で、産業、職種、作業は違うけれども苦痛も悩みも不安も同じであることを知る。そして、この病気が企業の「合理化」に原因があること、決して「怠け病」でも「体質」でもないこと、すなわち自分の責任で病気になったのではないことを知る。医師だけでなくケースワーカーなど医療労働者も温かく相談にのってくれる。しかし、同時に医師や医療機関に対して言いにくいことや不満がでてくる。

一人ひとりがブツブツ呟いていても解決しないことから、みんなで対応することをこころみる。一方、医療機関も治療はあくまでも個人的なものだが、学習や相談活動は集団の方がやりやすい。さらに、労働基準監督署への労災申請や交渉には組織的対応が有効である。このようにして持続的・組織的な活動の必要性が患者の中で自覚される。ここに、患者会（大阪頸腕罹病者の会）誕生の必然性があり、いのちと健康を守る運動を前進させるために大きな役割を持っている。

（注1）「労働災害と職業病を根絶し、犠牲者と遺族に対する完全補償をかちとるための当面の政策」日本共産党「赤旗」1969年1月29日

（注2）「労働災害と職業病から大阪労働者を守るために」（パンフ）日本共産党大阪府委員会、1968年2月29日発行

（注3）辻村一郎「労働災害・職業病闘争の前進」『労働・農民運動』1974年2月、および同「労働安全衛生活動の今日的意味」角田豊、細川汀、辻村一郎編著『現代の労働と健康を守る権利』労働経済社、1976年6月

第4章　「いのちと健康」第一の労働組合

労働組合と患者会のありよう及び、いのちと健康を守る課題を中心にすえた労働組合のとりくみと調査活動について述べる。

（1）労働組合と患者会の「いきちがい」とその克服

公立保育所の保母のけいわん患者会から、学習会の講師依頼を受けた。場所は患者Aさんの自宅で、日時は10日後の午後1時から。私は快諾した。１９７０年の夏のことだった。ところが約束した翌日、当該労働組合の執行委員長から、電話で講師を断ってきた。理由は、①患者会が組合の了解を得ずに学習会をするべきでない、②もし学習会をするなら組合主催で、全組合員対象でする、というものであった。私は分かったとはいわなかった。

それから半月ほど経って、当の患者たちに会ったので聞いてみたら、「組合主催で学習会が開かれたが患者は誰も行かなかった」という。というのは、講師がすでに何回も話を聞いた某医師であったこと、学習会の時間が勤務終了後で、そのような時間には患者の体調からして外出できないこと。また、冷房の入っている部屋には入れないということだった。組合としては、せっかくの学習会だから大勢の組合員を対象にして開催し、患者も参加すればよいということだろう。「善意」とは思うが、けいわん患者の状態と要求に対する無理解さに驚いた。

１９７０年代後半だったが、「労災職業病一泊学校」への参加呼びかけに労働組合を回ったときのことだった。少なくない労働組合の幹部から、「一泊学校は患者の集会でしょう」「あれは市民運動で労働運動でないでしょう」という返事が返ってきた。もちろん説明をしたが出席はなかった。この幹部の考えの背景には「職業病」患者は「合理化」の犠牲者であることへの理解不足と患者の苦痛や悩みの受け止め方に弱さがある。たしかに、けいわん患者の身を切られるような痛み、辛さ、悩み、苦しみは外傷とちがって、健康な者には分かりにくい。しかも、会社は「怠け病」「家事・育児のせい」などと宣伝し、それが俗耳に入りやすい。

労働組合の役員が「患者はわがままだ」「患者は無理を言う」といって困り、また、患者は「組合の役員は患者の痛みや苦しみを分かってくれない」と泣いて、怒る様子を見たことは少なくない。

(2)「患者の立場に立つ」とは

「患者の立場に立つ」ということは、どういうことかと教えてくれた運動がある。１９７０年代後半だった。Ｈ新聞社とＡ新聞社の輪転機職場や組版職場で、同じ頃に腰痛患者が多数出た。両社の労働組合は、それぞれ予防と補償に取り組み、ともに、「患者の勤務時間内通院」の協定を勝ち取った。半年経った頃、Ｈ社の患者は時間内通院を欠かさず実行し、かなりの程度回復していた。一方、Ａ社の患者は通院をしたりしなかったりで、回復が遅れていた。その違いはどこからきたのか。

Ｈ社の労働組合では、患者の通院時間がくれば組合事務所から職場に電話をして通院時間であることを知らせる。患者は組合事務所に顔を出し、これから通院する旨を告げ、病院に着けば電話を入れ、治療が終われば、また組合に電話を入れ、帰ってくれば組合事務所に寄る。そして、お茶を飲みながら当日の治療方法や回復状況を報告する。これを習慣づけていた。このことによって、①患者は通院を「仕事」と考え、職場の同僚もそのことを了解する。②労働組合は患者の痛み悩みを直接聞き、また腰痛の病像、その治療方法や回復程度を知る。③患者本人だけでなく患者家族の生活困難についても知る。④そのことで現行補償の範囲や額の不十分さを知ると同時に、予防がいかに大切であるかを認識できる。⑤職業病としての腰痛は、患者だけの問題でなく職場全体の健康問題であると認識できる。患者の立場に立つことの意味はここにある。

一方、A社は「患者の時間内通院」の協定をとるまではよかったが、通院は患者任せにした。いくら協定があっても多忙で要員の少ない職場では時間内に職場を離れることは同僚に遠慮して出にくくなる。労働組合も患者と疎遠になれば、腰痛患者の痛み、悩みや生活保障について理解ができないままになった。

職業病は労働条件や作業環境によって発生する。したがって、誰かが病気になれば、それは赤信号が点いたということで、そのまま推移すればさらに多くの人が病気になるということを頭で理解するのは容易である。しかし、それを「認識」するためにはH社の労働組合と患者のような「実践」が媒介にならなければならないこと、その実践を伴ってこそ患者の立場に立つことができるのである、ということを私は学んだ。

第３章では、労災認定闘争において患者を支えた活動家の共同が、いのちと健康を守る運動の前進に大きな役割を果したことについて述べた。これは、活動家が患者を支え、ともにたたかうという実践で患者の悩み苦しみをより深く実感して共有し、その意味で、「たたかう仲間」となることができたからこそ、目的達成まで粘り強く闘えたと理解すべきである。

(3)「いのちと健康第一」の労働組合

①「職場からの告発」

労働組合のいのちと健康を守る運動の「あり方」について学んだのは新日本理化労働組合であった（旧化学同盟京都地区本部・現化学一般京滋福地方本部）。「あり方」というからには課題の位置づけと方向性が明確でなければならない。第３章で報告した「京都労災職業病研究会」に出席していた木下恵市さん（元化学一般京滋地本委員長・元全国センター理事）から一冊の本をもらった。『労働災害・職業病―職場からの告発』[注1]である。1960年代中頃から法定外労災補償（企業内上積み補償）の獲得運動が全国的にとりくまれていた。化学同盟京都地区本部が、この闘争の中で傘下の11支部の「合理化と災害」の実態を調査し、併せて労災被災された労働者の「一人一告発運動」ということで16人の手記と2人が告発した報告書である。

第一工業製薬労働組合京都工場支部の報告がある。「高さ10数メートルの合成洗剤の乾燥塔で労働者が瀕死の重傷を負った。乾燥塔に斜めに走るコンベアにも、血と肉がこびりついていた。10数分後に救急車がきたが、高所でしかも重症であることから救急作業がにぶり、時間がかかった。瀕死の状態で運ばれて病院で亡くなった。休日を利用しての修理作業中（ベルトについた石鹸を削り落す）のことで、周囲に人がいなかった」。被災者は40歳前後の外注業者（実態は下請の下請）で、平日は他の会社で働き、日曜日に第一工業製薬で働くという〝二度働き〟の労働者であった。会社は見舞金を支払って内密に済ませていた。また、「この災害を覚えている人は少ない」と記されている。「史上2人目のこれほどの災害を忘れさせたのは、階級的・先進的にたたかっていた第一工業製薬労働組合が合理化攻撃にさらされていたからであった」とある。人員削減、生産量増大、アメリカ式労務管理のZD、QCの導入、災害の労働者不注意論と職場規律の強化、危険作業下請化と災害多発は、化学産業でも、第2章でみた鉄鋼産業と同じであった。

企業別組合は同じ産業別組合に所属していても、企業の分裂攻撃に対する攻防にはアンバランスが生まれるのは当然である。

新日本理化労組のとりくみを見よう。

『職場からの告発』によると災害は1965年以降、年々増加し、中でも腰痛と爆発事故が多発した。化学工場の「危険な」状態が描写されている。当時、主製品は可塑剤、ステアリンで、構内は「危険物・火気厳禁」の貯蔵タンクやフォルダーがならび、水素ガス、蒸気、送油などのパイプは、縦横に絡み合い、競うように屋内に流れ込み、空地には色分けされた幾種類ものドラム缶が山積みされていたとある。そして、合理化の推移を、むきだしに見せつけるように、タンクもパイプもドラム缶も、建物も古く色あせた物と、真新しいものとが混在し、新旧交錯しあっている。さらに「ときおり、危険物表示をした油送車などが砂じんを巻き上げて出入りするが、その砂じんをまともに受けるところに、ドラム缶の〝ばっかん（抜缶）〟作業場があり……。〝ばっかん〟中は、蒸気がまい上がり、油特有の臭気がたちこめて息苦しいほど」である。しかも、〝ばっかん〟作業をしているのは中高年の下請け労働者で、みんなが嫌がる仕事をさせている。

このような状況の中で、労働組合は腰痛増加に目を向け、１９６８年秋から１９６９年前半にかけてとりくんだ。「ストライキ行動を含めて７ヵ月間のたたかいを貫いた」とある。腰痛闘争でストライキをかけてたたかえる団結（力）はどのようにしてできたのか。

腰痛患者一人ひとりの健康の変化を調査し、労働者がどのような作業態様、労働条件、勤務形態、時間の流れの中で腰痛を起こしていくかを明らかにした。ある労働者は、可塑剤職場で、無水フタール酸などの入った粉末袋（25キロ）を運ぶ作業で腰痛を発症した。胸に抱えたまま約50センチ幅の階段を１メートルほど登り、そこで、直径30センチのマンホールの中に、粉末を投入する作業である。投入するとき中腰になったまま、おもいっきりゆさぶらないと粉末がでてこない。この動作が腰を痛める確かな原因になっている。人員増なしで、仕込み回数は1日450回と大幅に増えたのである。増産のための新しい設備が同じ構内に追加設置されるので手狭になり、正常な歩行や余裕のある動作ができないため、中腰姿勢や横向きで歩行しながら、上下に注意を向けなければならない。作業環境はいっそう悪化し、３人に一人が腰痛になった。このような健康にかかわる問題の実態と、その原因と責任の所在を組合員の共通の認識にしたことが、改善要求で団結してストライキを含む長期のたたかいを可能にしたものと私は思う。

「安全衛生の専門部を作らない。執行委員会全体が、安全衛生部と思って取り組まなければならない。毎回の執行委員会の第一議題は安全衛生問題だ」と木下さんは教えてくれた。最近、ある学習会でこの話をしたら、安全衛生担当の青年労働者が、「僕は執行委員会でいつも発言を遠慮してしまう。しかし、これからはいのちと健康は大事な問題だからこれからは勇気を持って発言する」と語ってくれた。

②いのちと健康を守る一環としての健康調査

1982－1983年、新日本理化労組の「労働・生活・健康」調査（担当は元組合長伊東輝義さん）を近藤雄二さん（現天理大学教授）と私が手伝ったことがあった。アンケート項目設定までに、学習に半年をかけ、ようやく項目を設定し、2週間の調査実施、集計とその報告会をもった後、職場ごとに結果にもとづく懇談会を行い、それを集約して報告書が作成された。この間、1年を超す調査活動であった。新日本理化労組は5支部（京都、大阪、徳島、川崎、東京）があるが、調査票の回収率は93・5％（487人）であった。

この「労働・生活・健康調査」によって労働者の健康障害・不健康の原因が個人の責任ではなく労働条件・作業環境、労務管理にあるという事実を明らかにした。事実認識をしっかりもたないと、健康や生活の破壊がすすんでも声に出せなくなる。それを打ち破るのは、事実と実態を自らの手で調査し、自覚することである。

私は、この調査で次の諸点を確認できた。

第1に、健康問題は、みんなで団結しなければ解決できないが、それを阻んでいる要因は、「そのときにならなければ気がつかない」（自分が病気にならなければ気がつきにくい）、あるいは、「分かっているけれども今は大丈夫だから」という考えがある。高齢者の抱える問題に青年が無関心であったり、未婚者は既婚者や子どもの問題に理解不足であったりする。しかし、調査結果は青年男女に対して、様々な困難な問題をかかえる中高年者の中に将来の「自分の姿」を、いやおうなくみせてくれる。調査は、労働条件・作業環境や人事・労務管理のあり方を現在の自分の立場からみるだけでなく、生涯視点でみる必要があることを教えてくれる。

第2に、労働者仲間の意識と行動、生活態度は、その人の社会的存在（職場条件・生活条件）から理解できること、それが分かるだけでなく、その人の立場に立って理解しやすくなる。たたかう仲間が相互に理解し、助け合い、支え合い、励まし合うこと、それ自体が団結である。調査はそのような結果をもたらす有力な手段である。

第3に、調査報告書が出た時点は、（一連の）調査活動が半分終わったところである。報告書が職場で読まれ、さらに実態に即して分析すること。その中から改善点がある。

みんなの目に明らかになり、「みんなで方式」でより前進することになる。

第4に、「労働・生活・健康調査」の目的は労働者・労働組合自身が、自分たち自身の体と心を通して、労働と生活の実態を認識することである。そのために医師、研究者を活用するのであって調査を医師・研究者まかせではできない。この立場を貫いたので、報告書をもとにした職場討議と改善要求運動が前進した。この調査から20年経った頃、伊東輝義さんから、「私にとってあの『労働・生活・健康調査』は安全一方だった活動から、労働衛生の分野に、しかも基本的な視座を教わったすばらしい経験でした。あの調査活動から、化学一般京滋地本で同じタイトルの調査や、昨年の全国4000人の過重労働とメンタルヘルスとの関係を裏付ける調査につなげることができました」と便りがあった。

新日本理化労働組合では、一貫して、いのちと健康を守ることを、労働組合の中心課題と位置づけ、組合員全員でとりくむ「みんなで方式」を常に追及している。「抵抗なくして安全なし、安全なくして労働なし」「危険なものは取り扱わない、危険な場所では働かない」を、健康で安心して働ける職場づくりをめざす活動の基調として

いるのである。[注2]

（注１）総評化学同盟京都地区本部小委員会発行『労働災害・職業病―職場からの告発』１９７０年５月
（注２）前掲書『職場からの告発』29頁

第５章　人間尊厳の自覚が運動の始まり

大阪電電公社・ＮＴＴのけいわん闘争における、利潤第一・労働者使い捨てに対する「怒り」から、学習と団結の勝利への道。家内労働者の職業病裁判にみる家内労働者組合や化学産業の労働組合、それに医師・弁護士・研究者らの共同について述べる。

(1) 電電公社のけいわん闘争

①人間の尊厳性の自覚と団結

1960年代に入って、電電公社（1985年からNTT）では頸肩腕障害が発症していた。1973年の第5次5カ年計画開始にともない急増した患者数は全国で7286人（1976年公社発表）に達した。郡山局で患者の自殺が発生する深刻な状況で、大阪では1973年から患者の認定申請が始まった。

筆者が大阪や神戸の患者の訴えを聞き始めたのは1970年代中ごろだった。患者らは激しい疲れ、首、肩のひどい凝り、背筋、肩甲帯の激痛、頭痛、腰痛、ときには吐き気などを訴えていた。電話交換では、客からの一つの「呼」にたいして33の動作を、耳と目と手と口を組み合わせて行う。その作業の疲労（負担）に加えて、もっと心身にこたえるのは係長・主任による背面管理、監視盤からの監視、知らぬ間にとられた録音テープによる応対評価とミスの追及である。とくに背面管理には「背中に鉛の板を張り付けられているみたいです」と訴えていた。毎日の勤務時間帯が変わる六輪番制に加え、欠勤率抑制のための生休（生理休暇）取得の制限は疲労を一層高めた。作業中、首・肩の苦痛に耐えられず手近のコードの差し込みジャックやボールペン、案内簿冊を首・肩に押し付けたり、休憩時間には同僚とマッサージをし合うのだと聞いた。重症化すると、「右手ですること（歯磨き、箸やペンを使う）などいっさいできない」ようになった。

電電公社は、労働基準法の適用事業所だったが、国の直営事業なので労災保険法の適用を受けず、災害補償は労働協約によって運用された。「業務災害に関する協約」によれば補償の申請は各地方の通信局長に提出し、そこで認定されて補償を受けることができた。全電通労働組合は１９７２年秋闘で、「けいわんの協約」を結んだ。

大阪では１９７３年に5人の業務上認定申請が始まった。この5人は、3年後の１９７６年に業務上１人、業務外４人と認定された。認定基準の基発59号は、公社の組織した医師による「けいわんプロジェクトチームの答申」（１９７４年２月）を組み入れたことで、それまでの基準より悪くなった。

その年、「業務外」の4人は、協約にもとづいて業務災害補償審査委員会に再申請した。再申請は3カ月で判断すると約束していたが、その後、続いて申請し業務外をだされた人を含め2年近く待たされた。1978年6月、「再審に見切りをつけて番号案内8人、市内12人が労基法85条にもとづいて労働基準監督署に申請した」[注3]。

「業務外」の患者7人は1981年2月、労基法86条にもとづいて労働者災害補償保険審査官に審査の申し立てをした[注4]。このとき「大阪電電86条審査を進める会」は解散し「大阪電電健康を守る会」が発足した[注5]。「86条」の結論は、申請から9年後の1990年12月に7人全員が業務上と認定された。さっそく、翌年1月、NTTにたいして休業中の賃金および賞与のカット分などを精算する補償要求をした。しかし、NTTは「86条の決定に従う義務はない、86条は勧告だ」と返答した。

そこで1992年10月、4人が労災補償と損害賠償の訴訟を起こした。そして1996年5月20日に和解したのであった。最初の申請から和解までの23年のたたかいを、私は大阪職対連の一人として見聞する立場にあった。訴訟を提起した原告4人は、すでに長期にたたかってきた上にこれから何年かかるか分からない不安、それぞれの家族のこと、裁判に対する世間の目、意図的な非難にも抗さなければならないなど、重大な決意で臨んだものと思う。しかし、それを支えた「健康を守る会」の団結の力に私は胸をうたれた。

②権利侵害への「職場の反撃」で認定闘争が前進

ここでは、運動論として二つの論点を記したい。長いたたかいになったのは、電電公社・ＮＴＴが、最初の申請から勝利的和解までに、たびたび約束違反、協約違反をして遅らせたこと、業務外の理由説明をひきのばしたこと、やっと出した認定理由が根拠のないものであったこと、とうてい当人はもちろんのこと、支援者が納得できるものではなかったのである。

電電公社・ＮＴＴの長期にわたる不誠実な対応は、１９９０年代全国通信網のデジタル化にたいする数次の経営計画遂行のための「合理化」による「犠牲者」として患者を認めたくないことの表れである。７０００人以上もの患者を出しつつ、さらに「合理化」を強行する上で、少しでも障害になることは避けねばならない。いかに非人道的なことであっても、それが資本である。

長期間にわたり繰り返される企業の不誠実な対応に、患者たちはそのつど新たな怒りで闘いぬいた。それは、「会社の非人道性」に対して、「私は人間である」という自覚と主張であったと思う。この自覚と主張が23年間持続したのは、大小さまざまな学習と交流であり、それがまた団結を持続させた。学習には大阪職対連などにつながる多くの医師・研究者・専門家の協力があったことはいうまでもない。

もう一つ、この長期の認定・補償のとりくみを勝利的和解までたたかいぬくことができたのは、労働条件・安全衛生、作業環境・労務管理はいうにおよばず、どのような権利侵害にたいしても、その場で抗議して、労働組合に持ち込み職場改善の努力を日常化したことである。労働組合がとりあげなければとりあげるまで粘り強く要求して、いわば補償と予防のとりくみを結びつける努力を怠らなかった。たたかいの場は常に職場であった。それは、補償と予防の企業責任から目を離さなかったからである。

1980年7月、公社再審査委員会、労働基準監督署の認定は前述したように、申請者たちを「上」と「外」に分断してきた。筆者は、「団結に楔を打ち込んできた」

と直感した。この楔を団結力で抜き出すのは容易でないと思ったが、「上」者も「外」者も職場改善・予防の要求運動を先行させることで団結を一層強固なものにしたと筆者は把握している。

長期のたたかいの中で、機関誌「もしもし」(1976年11月～2001年4月、275号まで)の果たした役割は大きかった。

(2) 家内労働者の職業病裁判

①家内労働者の職業病

家内労働者の八木吉雄さん、英子さんは、大東市で七宝焼を家業としていた。1971年8月、七宝焼が暇になる夏場に山本マーク(株)から、三菱自動車名古屋工場へ納入する自動車のプレートマークの色入れ(塗装)の仕事を請け負った。その塗料が毒性の強いエポキシ樹脂であった。仕事を始めてから2週間後に、夫妻とも顔と両手がかゆくなり、その3日後に顔と首に水ぶくれができ、それがつぶれてズルズルになった。夜も眠れず手をちぎりたいほどの苦痛がつづいた。10月から1日中、吐き気、めまい、頭痛、それに全身がかゆくなった。翌1972年4月、妻の方はときどき寝込むようになった。近くの開業医の治療を受けたがよくならなかった。

八木さんは被害がでてから2ヶ月後の1971年10月、エポキシ樹脂の製造販売会社・田辺化学工業（株）発行の説明書を山本マークから手渡され、有毒塗料であることを知った。あわてて換気扇や電気釜に排気孔をつけ、保護具を着用したが症状は悪化した。

八木さんは山本マークに「やめたい」と言ったが、「やめたら三菱から違約金をとられる」といわれ、もしそうなれば山本マークから違約金を請求されると思い仕事をつづけた。田辺化学には、エポキシ塗料を山本マークに売らないようにと申し入れもした。1972年8月八木さんは転居したが、その間1週間ほど山本マークの要請で山本マークの工場内で塗装作業をした。このとき山本マークの従業員から「うちら、この仕事をして背中や顔がかぶれ、この仕事だけはようせん」と聞いた。転居後八木さんは、山本マークに「ダクト装置を設置してくれないなら仕事をやめる」と通告したが、山本マークはそれを拒否したので1972年9月以降仕事をやめた。1回5、6千円の医療費がかかるので、田辺化学に被害状況を訴えたところ見舞金として1万円をだし、「山本マークへ行ってくれ」といわれた。山本マークへ行くと、「八木さんはうちの専属やといっても、家でやっている以上は自営になるから、面倒はようみん」といわれた。

1973年3月、市役所の法律相談で裁判をすすめられた。5月、弁護士を通じて話し合いを申し入れたが誠意ある回答が得られず、ついに1974年8月に山本マークと田辺化学を相手どり損害賠償請求の訴訟を提起した。1975年3月、三菱が山本マークにエポキシ樹脂を指定したことが分かり三菱自動車も相手に追加した訴訟になった。

②八木訴訟を支援する会の組織づくり

1974年春、当時、大阪府立公衆衛生研究所の原一郎先生（医師、労働衛生コンサルタント）から私は「裁判支援を手伝うよう」に声をかけられた。さっそく大阪職対連をはじめ各方面と相談して、１９７4年11月に八木訴訟を支援する会を結成した。労働組合からは大阪ぞうり工組合、高速印刷、大東化学、田岡化学、昭和電極それに下請け労働者ら31人と医師、労働法学者、労働衛生関係者、社会科学研究者ら12人が集まった。本多淳亮大阪市大教授（当時）が代表呼び掛け人になった。会の目的は、①職業病の家内労働者を泣き寝入りさせない、②有害物から化学労働者を守る、③家内労働者が真に保護される家内労働法の確立、であった。

裁判の過程ではっきりしたのは、三菱自動車工業が発注前に自社内でエポキシ樹脂塗料による塗装作業で被害がでて、その毒性を知っていたのに山本マークに田辺化学の塗料を指定して、マークの塗装を発注し、その際、防御方法を指示しなかった。そして山本マークが、家内労働者八木さんに下請させたのである。

争点は、①田辺化学がエポキシ樹脂塗料の製造・販売にあたって、その毒性および取扱上の注意事項を周知しなかった責任、②三菱自動車工業に対しては注文の際の指示に過失があり、③山本マークは八木さん宅に電気釜などの設備や資材を運びこみ、作業服を支給し、また大量の製品を矢のように（矢つぎばやに）催促し、長時間労働を余儀なくした。その点で八木さんは山本マークの事実上の労働者で、自宅は半分工場である。したがって、実質上の雇用主として安全保護義務があるとした。結果は１９７４年３月、田辺化学と山本マークに各２００万円の支払い義務あり、また、三菱自動車工業は60万円の見舞金を支払うことで勝利の和解となった。

③「こんな毒を販売してよいのか」

「自分と同じように泣いている人がいるのではないか。なんとかしなければ」――八木さんの怒りと、情熱が裁判闘争の原動力だったと山田一夫主任弁護士はいう。西谷宣雄主治医（医師、労働衛生コンサルタント）は、「患者の訴えが医師を動かし、新しい医学上の知見が積み重ねられ、不当に奪われた働く人々の健康を取り戻せることを、この運動の中で実感した」と述べている。

全日本家内労働者組合総連合副執行委員長の田上誉富さんは、「家内労働法も労基法も、労災保険法も家内労働者にとってまったく役にたたない。元請けもそこで働く労働者も、その毒性を知りながら家内労働者に押し付けたということが明確になった」「労働組合、医師、弁護士、学者が結集して連帯・共闘したことが本訴訟で最も大きな意義であり、孤立している家内労働者に励みになった」と述べている。

大東化学労組の故宮野政士さんは、「同じ化学物質を取り扱う仲間の問題として、一人の家内労働者だからとか組織労働者だからとかいう枠をこえて、身近に氾濫する有害物質から環境と人命を守る責任があるという姿勢で支援してきた」と述べている。

八木訴訟を支援する会は和解後、『膚《はだ》は灼《や》かれても―家内労働者が職業病に勝った―』を作成して１９７８年9月10日解散した。

（注１）森田サトヱ『雑草のように―ＮＴＴけいわん認定闘争史―闘う自分史』日本機関誌協会、２０００年、98頁。なお、電電公社・ＮＴＴのけいわんのたたかいは、『雑草のように』を参照した。

（注２）森田サトヱ、前掲書11頁

（注３）労働基準法85条（審査・仲裁）では「業務上の負傷、疾病または死亡の認定、療養の方法、補償金額の決定その他補償の実施に関して異議のある者は、行政官庁にたいして、審査または事件の仲裁を申したてることができる」とある。

（注４）労働基準法86条（労災補償保険官の審査と仲裁）「前条の規定による審査又は仲裁の結果に不服のある者は、労働者災害補償保険審査官の審査又は仲裁を申したてることができる」とある。

（注５）運動を推進する患者の集まりは１９７３年6月の「患者交流会」から始まり、会の名称は運動課題の展開によって変更してきた。

（注６）故宮野政士さんは下咽頭ガン職業病認定裁判を提訴し、遺族が継承されていたが敗訴した。

第6章　働くもののいのちと健康を守る意義

(1) 運動の道筋と論理を考える

①運動の担い手

いつの時点でも、運動をいっそう前進させようとするとき、振り返らなければならないことがある。それは、①今までの運動の担い手を明らかにし、その果たしてきた役割を正しく評価し、これからのいのちと健康を守る運動に正しく位置づけること、②運動形態はさまざまであるが、その背後にある運動発展の道筋と原則を明らかにすること、③いのちと健康を守る課題を労働者・労働組合運動の中心に据え、他の諸課題との関連を明らかにすることである。

１９６０年代初め、運動の担い手は患者とそれを支えて認定闘争をすすめてきた、いのちと健康を守る運動の活動家（以下活動家）である。その活動家は労働組合の委員長の場合もあるし、一執行委員の場合、あるいは執行委員でない場合もある。あるいは、未組織職場の活動家の場合もいる。労働組合の組織率20％を切った現在、企業に労働組合がない〝未組織〟の職場が大半を占め、さらに、非正規労働者が４割を超えている職場では、正規労働者と非正規労働者が当たり前のように混在している。そうした職場の中で、この「職場の活動家」とは何か、誰が担っていけばいいのかを視野に入れた運動論が考察されなければならない。

資本主義社会では、資本活動にたいする憲法、労働基準法、労働安全衛生法を手がかりにした労働者・労働組合の団結による強力な規制がない限り、労災職業病だけでなく、さまざまな災害や健康障害は減少しない。ケガや病気の事前の予防と、不幸にして発生したときの事後の救済、すなわち予防と補償が車の両輪として進められなければならず、また、両輪のように整備されなければならない。しかし、実際には、数少ない先進的な労働組合以外は、災害や病気が発生してから後に補償にとりくもうとする。

②歴史が教えてくれる運動発展の契機

第1に、被災者・患者は心身の苦痛と悩みがあって、いたたまれず動き出して、専門医を受診する。一方、活動家や先進的労働組合はケガや病気（被災者・患者）を見つけるだけでなく、それを問題にしてとりくんで、はじめて運動が起こり、業務上認定や補償のとりくみがはじまる。これが健康を守る運動の出発点である。

第2に、何が運動を前進させたか。それはケガや病気の原因が「合理化」、すなわち搾取と支配の体系的な方法、特に労働条件・作業環境・労務人事管理方式の劣悪化にあることを労働者のこころとからだを通して明らかにすることである。患者は自分の病気を医師の診察を媒介にして職業病であることを知り、患者仲間との交流によって産業・職種・作業は違うが痛みと悩みをもたらしているものが現代の「合理化」であることを理解していく。医師は一人の患者を媒介にして患者の症状から生体に負荷された労働負担・職場状況を知り、さまざまの職場からくる多数の患者からの知見によって現代「合理化」と健康破壊の実態を認識していく。医師が労働者・労働組合と関わり、研究会を組織し、あるいは参加し、学会活動を活発にするなら「合理化」の認識が深まるのは当然である。明らかになった事実によって、患者は確信をもち、同時に個人にとどまる問題でなく、みんなの問題であることが自覚され、仲間をつくり、労働組合を動かし、企業や行政を動かしてきた。その意味で、「合理化」と健康破壊の関係を事実に基づいて明らかにすることは運動発展の基礎である。ところで、この事実を明らかにするためには、多くの分野の専門家、研究者の協力が必要であることはいうまでもない。そして、この運動の中でこそ労働衛生をはじめ関連諸科学が学際的に発展してきたことを指摘しておきたい。

第3に、認定、補償、職場復帰の運動は労働条件改善、職場改善を前提にしてとりくまれなければならない。いいかえれば、補償と予防を切り離さず、車の両輪としてとりくむことが運動の鍵である。換言すれば、企業の災害補償責任は予防責任を果たさなかった責任であるといえる。

③患者（患者会）を運動の中心に正しく位置づける

患者もしくは患者会が存在する場合、患者会を運動の中に正しく位置づけることが運動前進にとって欠かせない。患者は企業から嫌がらせをうけることが多く、先輩・同僚からうとまれ、精神的・肉体的に耐えながら病気を治さねばならない。患者会や職対連は、患者同士でなければ理解しにくい苦痛や悩みを交流し、慰め合い、また学び合い、励まし合い、支え合う場である。したがって、治療についてもどうすれば痛みを取ってもらえるか（受ける治療）から、どのように努力すれば治るか（する治療）を知る。

このように患者会活動は痛みや悩み、治療についての切実な要求を組織する場である。患者会のこの機能は見過ごされやすいが、この「切実な要求」の中に実は企業（資本）との対決点が潜んでいる。患者こそ「合理化」が労働者にもたらす犠牲の生き証人である。

かつて患者会、とくに職場内患者会は、その要求が切実かつ緊急のものであるために労働組合全体の要求になりにくいという理由から、労働組合と患者会は意見の合わないことが少なくなかったことはすでに述べた。また労働組合が真正面からいのちと健康を守る運動にとりくめば患者会は不要という、患者会は次善の策でしかないという議論もあった。しかし、患者会の性格、機能からして、労働組合がいのちと健康を守る運動を真正面からとりくむためにも患者会を支援し、運動の中に正しく位置づけることが運動を前進させることになる。産業・企業をこえた職場患者会同士や地域患者会との交流は運動にとって有効である。けいわん、メンタル障害などが広がっている今日、大事なポイントである。

(2) 予防と補償のために

①なぜ「労働者不注意論」か

なぜ、企業は労災にたいして「労働者不注意論」をもちだすのか。それは、労働者のいのちと健康を守る運動が企業にとってアキレス腱であるからだ。なぜ、アキレス腱か。労働者のケガや病気は「合理化」すなわち搾取と支配の体系化の結果である。したがって、ケガや病気、すなわち、ことが人命の損傷に関して、その原因と責任が企業にあることが社会的に明らかになれば補償と予防の実施を余議なくされ、必然的に、労働条件・作業環境を改善し、人事・労務管理方式を見直さなければならなくなる。

ところで、「労働条件改善」ということは労働者の側からは改善であるが、企業側から見ると「搾取条件の緩和」になる。あくなき利潤追求を使命とする企業にとっては、これは避けねばならない。そこで、ケガは労働者本人の不注意、病気は本人の不摂生、体質と決めつけるだけである。しかし、この決めつけはケガや病気が発生してからでは遅い。企業としては、日ごろから労働者不注意論が労働者の俗耳に入りやすい土壌をつくっておかなければならない。

かつて日経連広報部は、『職場における左翼対策』（１９７９年12月発行）で「労災・職業病にどう対処するか」において、対策パターンを紹介している。それによると、職業病は企業にとって頭の痛い問題であり、それは安全の問題も同じである。いくら気をつけても事故発生は避けられないと言い、Ｐ社の職業病対策を紹介している。それは、「なんと言っても重要なことは、平常から、安全・健康管理の徹底、制度の面でも運営の面でも、会社ができるだけの手をつくしているのだという認識を、従業員に徹底することです。職業病や事故などが『発生しない』のが常態だと言う場合と、従業員が会社を信頼せず危惧をもっている場合とでは、問題の発生したときに天地の違いが生じてきます。それが確立していれば、たとえ会社が労災・職業病の認定など訴訟に負けても、それは本人の特異体質からくる特殊例であったり、アクシデントが原因だと十分説明がつき、他への影響を最低限にくい止めることができます」と述べている。

過労死裁判の前進におされ、日経連は1991年に経営法曹大会で過労死対策を研究している。そこでは、もっぱら企業責任をどうかわすかが焦点だとし、「安全配慮義務違反にならないように健康診断の実施と医師の意見を防波堤にして労務管理に直接責任が及ばないようにする」こと。また、「安全配慮義務違反ありとされる場合においても、労働者側に自己健康管理義務懈怠（カイタイ）が認められるさいには過失相殺が可能」だとしている。そして労働者の自己保健義務として、私生活上の健康管理、健診の受診や企業の健康管理措置への協力をあげている。[注1] 労働者に対して長時間・過重労働をおしつけ、他方で労働者の自己健康管理の「怠慢」を云々するという自己矛盾にあることこそ、企業にとってアキレス腱である所以である。

健康保持や予防は国民一人ひとりの責任、医療は受益者負担という国の考えや極端に狭い「職業病の範囲[注2]」の押し付けが、労働者・労働組合のなかにいのちと健康を社会的なものとして把握しきれない傾向を広めた。近年の成果主義賃金制度は、労働者を常に競わせることで、自らの権利意識を眠りこませる役割を果たしている。それはけがや病気は労働者自身が十分に気づけなかったという不注意論を広める傾向をいっそう強めていて、新たな「労災隠し」の一要因になっている。

予防活動が弱いと2つの特徴的なことが起こってくる。①ケガ・病気が多発するだけでなく重症化し家族の受ける障害も深刻かつ長期化すること。②ケガ・病気の原因が労働条件や企業の安全衛生管理体制にあることが見えにくくなる。したがって労働者、労働組合が「不注意・不摂生攻撃」に弱くなる。「ケガと弁当は手前もち」「ケガは本人の不注意」、ケガしたとき「痛い」というより「すみません」と言ってしまう。また、会社帰属意識が浸透させられていた頃には「会社あっての労働者、補償なんか請求するのは会社に立てつくことだ」という認識を強くし、「ケガや病気は個人の問題で、労働組合は組合員全体に関わる問題をとりあげるのだ」などという見解も見られるようになる。また、危険有害作業は下請けに出して「解決」したかのように錯覚にとらわれるのである。

②予防と補償の運動は「点検に始まり点検に終わる」

職場改善・予防と認定・補償の運動は、日常的な点検と要求の運動に裏付けられることが大事である。労働安全衛生法は、事業者に安全衛生管理体制の確立と安全で健康で快適な職場を確保するための法的責任を課している。これを事業者に実行させるためには、安全衛生委員会だけでなく労働組合だけでなく職場労働者の日常的な点検と要求活動が不可欠である。

点検の方法としては、第一に法規に照らして行う。労働者にとって一番大事な法規は「労働基準法」と「労働安全衛生法」で労働者の犠牲の上にできた法律であることを知ること。第二に法規になくても、人たるに値する労働かどうかを基準にすること。その際に、快適職場環境の指針[注3]を活用すること。

快適職場の形成に必要な措置としては

(1) 作業環境を快適に

イ　空気環境　ロ　温熱条件　ハ　視環境　ニ　音環境　ホ　作業空間。

(2) 作業環境改善の措置
イ　不自然な姿勢　ロ　要筋力に助力装置、以下省略。
(3) 疲労回復の施設・設備
イ　臥床できる設備のある休憩室　ロ　シャワー　ハ　疲労、ストレスについての相談室　ニ　運動施設、緑地をつくる
また、考慮すべきこととして、
イ　継続かつ計画的　ロ　労働者の意見の反映　ハ　個人差への配慮
があげられている。

第4章で述べた新日本理化労働組合は点検活動を日常化したうえで、ケガや病気が発生した場合の取り組みを定式化している。「事実を調べ、原因を究明し、責任の所在を明らかにし、予防対策を立て、運動を起こし、ケガや病気の治療と補償を獲得すること。これを化学一般京滋福地方本部の安全衛生一泊学校などで新入組合員に徹底するため「ジー・ゲン・セキ・タイ・ウン・チ・ホ」とまるで「お経を読むようにし

て覚えさせている」。日常の点検活動で安全衛生を体感していることが災害発生時の、この一連の取り組みを有効にするのである。

急増している若い非正規労働者の多い職場ではどうか。非正規労働者は正規労働者よりさらに無権利、低賃金、長時間過密労働そして短期雇用の不安が大きい。安全教育を始め安全衛生管理が軽視され、一方、働く側にも労働基準・安全衛生の意識が育てられていない。ケガや病気が多いのは当然である。

「一人ひとりの机が、前と左右の三方向が金属製のパーティション（壁）で囲われ隣の同僚の顔は見えない。業務連絡さえメールでする」と、うつ病になったＮさんは報告している。競争場裡におかれた上、日常会話も機械を媒体にしなければならない。人間的関係が切断されている。このような職場でも、いや、こういう職場だからこそ、いのちと健康を守る潜在的要求は遅かれ早かれ顕在化せざるをえないが、顕在化するためには主体的条件ないし環境的条件が必要である。地域労組の労働相談や、いのちと健康を守るセンターの役割が大きい。Ｎさんは地域の労働相談を介して、労災申請をした。

ところで、必要な意見書は、「労働と疾病」の点検（調査）によって作成されることは言うまでもない。一般に点検の程度や範囲はともかく「職場を見る」ことや「労働と健康を点検する」こと、すなわち「点検と要求」こそが、運動を推進する。その点検の科学性の高度化が求められることはいうまでもない。点検と要求運動は、安全衛生委員会（なければ労使合同で）、労働組合および労働者、活動家（たとえ少数でも）によって日常的あるいは周期的に、その範囲が部分的であっても意識的かつ継続的に行われることが大事である。認定・補償そして職場改善・予防の運動はまさに点検と要求に裏付けられる運動である。労働条件・作業環境、労務管理の危険有害性を点検し、広まればよい。小さな点検と「つぶやき」の要求でも横に流れるだけでも有効である。もし災害が起こったとき「だからいわぬことではない」といえたとしたら、先述した日経連の、「この職場では職業病や事故などが『発生しないのが常態だ』」という宣伝に対抗できる。これが健康を守る基礎であり、不注意論反撃の契機になる。

契機をつくること、それがたとえ目に見える運動にならなくても、また直ぐに消えても、運動の契機を自覚的に、かつ戦略的につくることが大事である。その契機をつくる実践の上に学習と交流が行われることによって、科学的に「労働（のあり方）」と「健康（の障害）」を見る目が成長する可能性が生まれるものだ。

（3）人間回復の運動として

①認定闘争と「賃労働者」としての自覚

患者が安心して治療に専念するためには休業と十分な補償が必要である。労災保険の給付を請求し、そして認定獲得に取り組まなければならない。患者会は労災申請の自己意見書の作成などについてハンディを背負わされた者同士が学習し、必ず治る、治せるという確信を持つ場である。この過程で自分の病気が職業病であるという理解が自己意見書という書面に客観化される。

患者の労災申請に対して企業が協力せず、場合によっては妨害することが多い。行政も対応が冷たく不親切なことが少なくない。この企業や行政の対応によって、患者は「職業病」を企業と労働者との関係において理解する。企業側は、しばしば、「不摂生」「怠け病」「家事・育児のせい」などといい、ついには「いつまでも結婚せずにいるから病気になったのだ」などの暴言を吐く。この瞬間、「私は使い捨てのもの（商品）ではない」、「私は人間である」という「怒り」が込み上げる。患者は企業に対置して、「賃労働者」としての自分を実感する。労使（資）関係において、自分の立場を自覚するのである。

それだけではない。必ず認定させたい、ときには損害賠償裁判も辞さないと考えるとき、「この苦しみは自分だけでよい、二度と仲間に味わわさせたくない（経験させたくない）」という思いが浮上する。患者の強い意志こそ職業病闘争の原動力であることは、先述の電電公社けいわん闘争で見たところである。1960年代後半、「合理化病」といわれた「けいわん」の痛みに耐えながら、速記者である松本郁子さんは「職業病になって死にたい思いで生きるなら、職業病を出さない職場づくりのたたかいはいのちをかける値打ちがある」といった。さらに、患者は、労働組合や団体、集会で支援、協力を訴える行動の中で励まされることによって、「労働者の連帯」を共感する。他人の前では話せなかったような人（患者）が堂々と力強く訴えるように変化していく背後には、このような認識の発展がある。このような「認識の発展」は「運動の前進」と「組織化」（団結）を三位一体のものとして把握しておきたい。注4

ところで、労災保険の給付だけでは補償は十分なものではない。労働基準法にもとづく法定外労災補償の獲得・その協定化のとりくみへと運動は続く。この流れは、日常生活ができるまでに回復した段階から職場復帰のためのリハビリ勤務（職場復帰のための訓練）がはじまり、「元の職場で、元の仕事を数ヶ月行っても再発しない状態で治癒した」とする「治癒」の考え方（制度）が運動の中で生まれた。

この流れは、また、労災の認定機構とくに、公務員の災害補償の認定機構である「基金」の民主化のとりくみをともなう。再び職業病を出さないための職場改善、予防協約のとりくみへと続き、なによりも労働安全衛生法を職場に生かさなければならない。この一連の取り組みを、とぎれることなく持続させることが必要である。

②「私も人間である」という意味

企業によって人間の尊厳性を否定されるような扱いが行われたとき、労働者は「私も人間だぞ」と直感し、怒る。その怒りが運動を起こし運動を発展させることはNTTの「けいわん闘争」（第5章）で述べた。この「人間である」という直観は直接的には、たまたま使用者の「非人間的言動」に直面して自覚するのである。

ところで、そもそも賃労働者は常に人間らしい労働と生活を享受しているだろうか。資本主義社会では、労働力が商品化される。企業は労働力を商品として購入し職場で労働させる。労働から生まれた生産物を企業は販売し、労働者に支払った賃金部分以上の価値を、すなわち剰余価値を取得＝搾取する。これが利潤の源である。資本主義的生産は商品の生産だけでなく本質的には剰余価値の生産である。

したがって、労働者は自分のために生産するのではなく資本の増殖のために生産することになる。だから労働は使用者の指揮、命令、監督のもとでおこなわれる。ここでは人間労働の目的意識性が奪われた「疎外された労働」になり、「従属労働になる」。「従属労働」は、労働保護法制が運動によって勝ち取られて労使対等の原則を確立した。「人たるに値する生活を営む」ための労働条件（労働基準法第1条）、例えば、「8時間労働」が確保されて人間らしい労働と生活が可能である。労働法制の規制緩和はそれに逆行している。

ところで搾取労働の方はどうか。賃金が労働に対する給付という形態をとっているため搾取労働（疎外された労働）の姿は見えない。労働の搾取について考えよう。それは搾取される労働量の問題ではない。「労働」とは「労働力」の発揮・使用であるが、「労働力」とは「生命力」であり、「人間力」である。したがって、資本は「人間の生命力」の発揮すなわち「生命活動」そのものを搾取し、資本を蓄積している。資本主義社会は搾取労働を基礎にしているのである。

さて、労働者のいのちと健康の破壊は職場における搾取労働が労働時間や労働密度など労働条件の正常な範囲を超えることによって生じる。正常な範囲とは、「今日」の搾取による疲れが「明日」も元気で出勤し労働できる程度のものであることだ。成果主義賃金の「構造的欠陥」（経済産業省研究会）が指摘されながらも普及している。その欠陥として、①賃金などに対する納得感の低下、②個人競争激化による協同意識の低下、③人材育成機能の低下、④現場の疲弊と目標達成までの過程管理の弱体化をあげている。問題は個人競争激化による協同意識の低下である。管理や支配のための個人の競争激化は一人ひとりを孤独化し、人間関係を切断し、人間不信を広め、互いにけん制させようとする。その結果、要領と小手先に頼りがちになり、目先の成績を上げることを最優先させ、人間らしい創意工夫をなくさせる。視野を狭くし、物事を掘り下げる思考を弱めさせようとする。「人間力」を弱め、過労死しかねない過酷な労働条件さえもいつの間にか受容させてしまう。権利意識が眠りこまされるようになる。ましてや、中学、高校教育の中で労働基準法、安全衛生法の手ほどきさえも十分に受けていなければなおさらである。しかし、いのちと健康を守る運動の流れは着実に前進している。いのちと健康を守る先進的な労働組合や全国・地域センター、職対連、「守る会」、「患者会」、「家族の会」、非正規労働者が組織される地域労組などがさらに強化され、連帯して搾取の現場である職場に活動家をつくること。そのことによって、悩み苦しみ、怒りを組織し、職場にいのちと健康を守る自由を広げ、職場のルール獲得運動を進める努力が一層前進させることが大事である。

労働者のいのちと健康を守る運動は人間回復の運動であり、同時に、このような運動を直接的に志向する意味で社会変革の起点にならざるを得ない運動である。

（注１）「日経連タイムス」１９９1年6月31日
（注２）労働基準法施行規則（昭和二十二年厚生省令第二十三号）別表第一の二
（注３）「事業者が講ずべき快適な職場環境の形成のための措置に関する指針」１９９２年7月
（注４）認識論、組織論、運動論は三位一体である

第2部

大阪職対連と大阪労働健康安全センター

——役割のちがい——

はじめに

「大阪労災職業病対策連絡会（大阪職対連）と大阪労働健康安全センター（安全センター）の関係を書いてほしい」と依頼された。そこで、大阪職対連の発足から安全センター設立までを振り返ってみたい。大阪職対連も安全センターも労働者のいのちと健康を守る労働運動の地域組織であることは共通している。大阪職対連の発足が1968（昭和43）年で安全センターが設立されたのは1993（平成5）年である。25年の違いがある。

はじめに断っておくが、大阪職対連の前に職業病の地域組織である「大阪職業病対策協議会[注1]（職対協）」が発足した。その運動の発展のなかから、「大阪労働者の生命と健康を守る実行委員会」（1968（昭和43）年）が結成された。この実行委員会は1987（昭和62）年から呼称を「大阪労災職業病対策連絡会（大阪職対連）」に変更した。そこで煩雑を避けるため当初の「大阪労働者生命と健康を守る実行委員会」も、ここでは「大阪職対連」と位置付けることとする。

第１章　大阪職対連成立の背景

（1）1960年代の大阪のとりくみ

大阪では日立造船の低水素系溶接棒による障害などをきっかけに「西六社」（住友電気、住友金属、住友化学、日立造船、汽車製造、大阪ガス）の労働者と伝法高見診療所の田尻俊一郎先生らによる「労働衛生研究会」が１９６０年代に入ってすぐから始まっていた。この研究会が中心になって１９６２（昭和37）年に運輸労働者の反合理化闘争のための疲労調査を実施し、「合理化」を撤回させた経験があった。

１９６３（昭和38）年には住友電工の核燃料の開発研究員（藤井光興さん）の白血病労災認定運動（藤井君問題対策会議）が取り組まれた。この取り組みは医師・研究者と労働者の共同により調査や学習を重ね、また数千冊のパンフを普及して産業別の枠をこえて運動を広げ、大阪の運動のあり方のさきがけとなった。

(2) 大阪職業病対策協議会（職対協）の発足

1960年代前半、大阪の金融界は電子計算機を導入したが、まもなくパンチャー、タイピストに「けんしょう炎（腱鞘炎）」が多発した。1966（昭和41）年7月、「けんしょう炎」問題に取り組んでいた全損保の呼びかけで、産業の枠をこえた地域組織として職対協が結成された。事務局に全損保関西地協、全損保タイピスト懇談会、大証労組（川野陸夫）、外銀連（下仲英夫）、新聞労連、報知新聞労組、上二病院労組が選出された。当初の活動目標は職場間の「経験交流」「職業病の学習会」「患者の悩み相談と支援」「罹病者の早期発見と適切な治療ができる体制を作る」ことであった。ちなみに、この活動目標は今日の職業病闘争からみて活動の原点である。

1967（昭和42）年春より月例の学習会と、新医協（新日本医師協会）や民医連（民主医療機関連合会）などの協力で月1回の「健康相談室」を開催。相談活動では患者の労働と生活状況を聞き取り、カルテを作った。このようにして病気発生の背景原因と対策、治療方法をたてる努力をした。

労働組合の労災職業病の学習が活発になり職対協に講師派遣の依頼が増加した。それにこたえるだけでなく労働組合の職業病対策委員会や職場の患者会に職対協から積極的に参加し援助することによって同時に職対協の組織的拡大と強化を進めた。また、新医協や民医連の「症例検討会」、「労働衛生講座」に１９６７年に参加し、同時に医療機関との連携を深めた。このような活動を通じて金融共闘と共催で活動資金獲得のバザーをひらいた。この年、学習の手引きとして『自分のものでないこの手』を発行した。１９６８（昭和43）年8月から１９６９年（昭和44）年2月にかけて「頸腕症候群を業務上疾病とせよ」との主旨の労働大臣に対する街頭署名とカンパ活動を北浜、淀屋橋、本町で十数回にわたって行い、地域の労働者、一般市民に働きかける活動をした。[注2] このような活動に職対協の活動家が参加し、細川汀先生、田尻俊一郎医師ら、また新医協、民医連それに弁護士、民主法律協会（民法協）などの協力をえて

1968（昭和43）年、職対連が発足した。『労働と健康』誌は1973（昭和48）年11月に創刊、2017（平成29）年1月で259号。この分野の機関誌としては最初のもので広い分野からの寄稿を受けた。早い時期から国立国会図書館に所蔵されている。

1969（昭和44）年には「大阪頸腕罹病者の会」（喜家村政宣会長）が結成された。「一日も早く健康な身体を取り戻すために」、「一人で悩むより同じ病気の仲間がどうすれば治るのか」を考え、取り組むことを目的に結成された。[注3]

（3）1960年代の補償と予防運動の全国的状況

全国的に見ても、患者の悩み苦しみが深刻化する中で、患者と活動家、労働組合が認定・補償獲得の取り組みをすすめていた。1960年代後半には労災保険の年間新規受給者が171万人に達した（労災保険加入者2300万人中）。その中で一職場、十地域の取り組みが、産業別あるいは全国的規模に発展した。1967〜1968年には金融、証券、金属鉄鋼、造船、炭鉱、鉱山、化学、印刷新聞、タクシー、港湾運輸、製紙、国交関係では司法、税関、厚生、法務、気象などの労働組合は地方の取り組みから全国規模の学習と交流を開始した。

1966（昭和41）年には総評・中立労連、学識経験者を中心にして「日本労働者安全センター」が結成され、その機関紙「月刊いのち」（1969年）は労災職業病の調査、研究、啓蒙そして労働組合の取り組みを紹介した。1967（昭和42）年には「職業病全国交流集会」が発足した。

1974（昭和49）年、黒田革新知事の時に「大阪府職業病センター」が設立。大阪の「労働安全衛生研修所」（1975（昭和50）年）が設立。八尾市で家内労働者のエポキシ樹脂障害による八木訴訟が起こされた（1975年）。家内労働者の職業病裁判は全国唯一で勝利的和解（冊子『膚を灼かれても』発行）を勝ちとった。社会医学研究所（1977（昭和52）年）、1981年（昭和56）に大阪急性死等労災認定連絡会が発足、のちに大阪過労死連絡会（1988（昭和63）年）、大阪過労死家族の会が1990（平成2）年に発足した。

労働組合や地域の活動の組織化も活発になった。労働組合独自の取り組みも前進し、１９６７～１９６８年には産業別労働組合の全国的学習会・交流集会がもたれた。１９６７年、「いのちと健康を守る国公交流集会」、「労働災害職業病対策のための金融共闘会議の全国代表者会議」、「鉄鋼労連の安全担当者拡大交流集会」などが行われている。

（注１）職対協の名称についてはいくつかの記述が残されている。当初、大阪市中央地区の労働組合の活動家が中心となって活動を開始し、「大阪中央地区職業病対策協議会」「大阪職業病対策中央協議会」などの記述もみられる。川野陸夫氏によると、初めての職対協シリーズのパンフには「労働災害職業病対策大阪中央地区協議会」が発行名になっているが、発足メンバーの一人である下仲英夫氏が発表された総会議案書に書かれた名称が「大阪職業病対策協議会」としており正確である。結成当時、長い名称に当事者の中でも様々な呼び方をしていた。本書では「職対協」の正式名称を「大阪職業病対策協議会」とする。

（注２）第５回労災職病一泊学校（１９７０年５月）の下仲英夫が報告した論稿を参照した。

（注３）大阪頸腕罹病者の会「30年のあゆみ 頸腕たたかいの記録」２００１年１月28日。

第2章　労災職業病一泊学校にみる運動の展開

(1) 大阪職対連の取り組み

大阪職対連は、労災職業病春闘討論集会、労災職業病講座、労災職業病一泊学校(以下、一泊学校)を開催し、職業病全国交流集会への参加した。この交流集会の前後に準備と報告の集会を開催した。また、１９７６(昭和51)年から数年間には活動家中心の2泊学校も開催した。

ここでは一泊学校(１９６８(昭和43)年から)を取り上げ大阪職対連の発展を述べる。

一泊学校開催のねらいは、「働く者のいのちと健康を守る運動をいっそう前進させるために、どのように取り組めばよいかを徹底的に話し合う」、「運動には、運動の中心になる活動家がなくてはならない。その活動家は、第1に、労災職業病のことをよく知っていて、自分がどのような有害危険な職場で働いているか、なにが解決されなければならないかがわかっていなければならない。そのためには学習が必要である。第2に、そういう問題について企業やまわりの圧力や嫌がらせに対してあくまでも粘り強くたたかう勇気と確信をもたなければならない。そのためにはいろいろな職場の人々と経験を交流しなければならない。第3に、そういう活動をするためには仲間はもちろん企業や行政に対してこの病気は本当に仕事から来たものであるという説得力をもたなければならない。このような意味で勉強と交流をする場所をもとうではないか」ということであった。[注1] これは前述した職対協の活動目標の意味を深く掘り下げる徹底した議論の提起である。

回を重ねる中で、第1に、今まで隠され、泣き寝入りしている患者が多数参加し、共通の悩み苦しみの共感と交流は職場での孤立と絶望感を打ち破り、勇気と連帯を呼び起こした。第2に、高度成長下の企業「合理化」（搾取と支配・労務管理の方法を体系的に強化する）がいかに労災職業病を多発させているか、どうしたらなくなるかという知識と理解を深める必要があった。多くの専門家集団の参加による労学共同が役に立った。第3に、職場で実際にどのような取り組みや要求をしたらよいか、業務上認定・補償の取り組み、原因と責任の追及と予防のたたかいをどうするかを明らかにするためにお互いの経験と法・制度の活用と批判を深めた。身近に役立つ系統的な学習と新しい理論展開によって患者会・健康を守る会・職対連の力量を高めた。教育・学習活動は職対連が発足以来、精力的に追求してきた。教育・学習は、当面の問題解決のためだけでなく、問題解決力を高める計画性・系統性をもつことが重要である。労災職業病の問題性は複雑かつ多面的であるため、上記のように自然科学、社会科学それぞれの広い領域の研究者が必要である[注2]。

一泊学校実行委員会はその時期の情勢にふさわしい課題について記念講演、分科会の講師を選ぶ。各分科会のテーマ設定には十分時間をとり、情勢が提起している課題と我々の要求を切り結ぶテーマを設定した。また、分科会の学習と交流が成功するかどうかは、「座長」と言われる司会者、そして助言者の腕次第である。分科会参加者の状態と要求（要求が隠れている場合がある）を引きだし、講師の講義と結びつけて解決の方向を示さなければならない。これができる活動家が次第に増えてきたことは心強いことであった。

(2) 参加者の増加と構造変化

１９７２（昭和47）年、第5回一泊学校では参加者１３５人。最多が20歳代で１１９人、50歳代が２人。25年後の１９９７（平成9）年、第30回一泊学校では参加者１５４人で20歳代が３％、40歳代、50歳代で65％、60歳以上が増え、80歳代が２人。職種構成をみると、第5回では医師、ケースワーカー、看護師、物療、事務などの医療関係の専門家で45％と多かった。参加者数の最高は１９７８年（昭和53）年、第11回の大池聖天開催で５００人だった。参加業種で増えたのが、１９７０年代は保育士、１９８０年代からは港湾労働者、１９８０年代後半から過労死・過労自殺の家族、１９９０年代は教職員が大量に参加した。一泊学校が発足して数年間は重症の患者が多く、ほとんど女性であった。患者は、けいわんや腰痛の苦痛に耐えかね、積み重ねた布団を背に横たわりながらも熱心に訴え、交流に参加した。次第に組合役員は増えたが多いとは言えなかった。

多くの他府県から一泊学校への参加者が増えて交流が豊富になり、課題も深められた。京都・兵庫・三重・和歌山はもちろん東京・神奈川・静岡・千葉、それに九州・四国・北海道からも参加した。北九州からは戸畑製鉄所、八幡製鉄所、三菱化成黒崎工場などが印象深い。北海道からは１９８１（昭和56）年夕張炭鉱災害の遺族５人と北海道職対連が参加した。

関西では経験のない炭鉱の災害・労働・生活の交流は貴重であった。なお、患者・労働者が参加費を自己負担していただけでなく、助言者や医師・専門家・研究者も参加費を自己負担していた。

大阪職対連では第5回一泊学校を踏まえて『現代の労災・職業病闘いの手引き』を作成普及した。三重県の津では、この手引き一冊を手掛かりに「津職業病友の会」を結成した。

（3）大企業の「職場の健康を守る会」の参加

職場に労働組合があるか、ないか、またあっても運動に積極的か、それとも会社と一緒になって「合理化」を追求する組合か。患者いじめをする組合は大企業に多い。一泊学校にはこのような職場の労働者が多数参加し、職対連にも加盟し大きな力を発揮した。１９６０年代は銀行（三和銀行など）、のちに電電公社（ＮＴＴ）、電気産業（松下電器）、製薬業（武田製薬）、生命保険（住友生命、日本生命）であった。ここでのたたかいは職場に「職場の健康を守る会」（以下、「健康を守る会」）が組織された。この「健康を守る会」は、当初は、労働組合からは「組織違反」などと攻撃され、会社からは交渉を拒否されたが、「患者のいのちと健康にかかわる切実な要求である」ことを繰り返し訴え、労働組合にも会社にも認めさせた。このようにして大企業職場で、「合理化」反対をかかげ、職業病の認定・補償・職場復帰をたたかい、成果を勝ち取った。ＮＴＴの認定、裁判は実に23年のたたかいであった。

補　1991年（平成3年）大阪職対連加盟組織と個人

高速オフセット労組、大阪証券労組、守口市職労、枚方市職労、吹田市職労、大阪衛星都市職員労働組合（衛都連）、報知新聞労組、新日本技術コンサルタント労組、萬年社労組、郵産労大阪中郵支部、全国一般大阪府本部、北河内職対連、福祉保育労組大阪財団分会、上二病院労組、耳原病院労組、相川病院労組、西淀川医療労組、化学一般関西地本、大阪府職労、大阪労連、運輸一般大阪地本、社会医学研究所（淀協）、全港湾阪神支部、全港湾阪神支部三井倉庫港湾分会、関西汽船分会、日本高速輸送分会、関西紙輸送分会、日本包装運輸分会、堺市教職員労働組合、枚方市教職員組合、（労働組合・地域団体・研究所　計31団体）、大阪頸腕罹病者の会、松下働く者の健康を守る会、大阪電電健康を守る会、武田薬品労働者有志、住友生命患者有志、近畿電通頸腕共闘会議（患者会・職場の健康を守る会6団体）、研究者3人、弁護士2人、労働者活動家9人（計14人）。

なお、友好団体は民主法律協会（民法協）、職場の自由と民主主義を守る全大阪連絡会議（大阪職自連）。加盟している団体は全国労災職業病対策実行委員会、大阪過労死問題連絡会（１９９１年11月現在）。

（注１）第６回労災職業病一泊学校の「基調報告」を参考とした。
（注２）阿久津一子「労働者教育と生存権―労働災害職業闘争における教育学習活動の意義―」『日本社会教育学会紀要』№８、１９７２年６月　81～94頁。

第３章　大阪労働健康安全センター設立の背景

(1) 幅広い分野の研究者との共同

労学共同も大きく前進した。労働者の労働と生活に深く立ち入り献身的に問題の解決に立ち向かう研究者、医師、医療労働者、新医協、民医連などの努力は大きな寄与した。労働者・労働組合にとって、職場を見る科学的な目を持つことはきわめて大事である。医師、労働衛生、母性保護、化学物質、生理学、心理学は言うまでもなく、人間工学、労働科学などの領域、労働法、経済学、労務管理、労働問題、社会福祉、社会政策、労働運動論などの社会科学の領域の研究者、さらに労働基準監督官、社会医学研究所の研究員、ケースワーカー、運動トレーナー、さらに長年の取り組みを踏まえた安全衛生・認定・補償闘争の経験豊富で理論に強い労働者（活動家）など多面的である。

研究者が一泊学校に出席する大きな理由を、原一郎先生は次のように述べている。「大阪府立公衆衛生研究所の労働衛生部から関西医大へと研究機関と大学に勤務していたので、文献調査とか動物実験などは実施態勢が整っていて簡単に着手できた。しかし、産業現場の実態を具体的に知ることは必ずしも容易でなく、歯がゆい思いをすることが少なくなかった。一泊学校に参加すると、一般報道では知ることのできない、生々しい実情を聞くことができて、何よりの勉強の機会になる。職業性中毒に関しても、初耳の問題を知らされることもある」。これは一泊学校に参加する、研究者に共通することである。労学共同というが、労働者と研究者は相互に媒介しあって労働者は運動をすすめ研究者は研究を進める。記念講演と助言者の専門家・研究者の２００７（平成19）年８月14日までの実働数は１３５人、延べ２６８人。ただし、以上は講師料・助言者料を支払った人の数で、実は一泊学校の特徴は無償や参加費を支払ってでも分科会の助言者を引き受ける人が毎回多数いた。[注1]

(2) 労使関係の変化

職対連に「センターが欲しい」という声を次第に強くした背景については、細川汀「一泊学校20周年を祝い、今後の発展を祝って」[注2]が参考となる。

①1960年代

１９６０年代、高度成長下の産業「合理化」は前述のとおり労災職業病を多発させた。原因は①安全衛生を無視した危険有害作業の飛躍的増加、②保安能力をはるかに上回る生産の拡大と労働強化、③人減らしによる高密度連続作業と労働時間の延長、休憩・休息の縮小、④作業の高速化、職場のしめつけの増加、⑤職務給など労働強化を刺激する低賃金と不安定雇用、⑥危険有害作業の下請け化、⑦労働者の権利剥奪と組合分裂があった。これらは大企業の最大限利潤獲得のための搾取と支配の強化、すなわち「合理化」の方法である。

1963（昭和38）年の三池炭鉱大災害以降、総評は安全衛生を主要な柱に位置づけ、運動方針に「抵抗なくして安全なし、安全なくして労働なし」を掲げ、反「合理化」闘争と位置付けたが、全国的なたたかいにはならず職場を基礎にした労働条件闘争や権利擁護闘争は弱いものであった。そのことは1970年代、電電公社、保育所、福祉施設、スーパーなどの大量のけいわん障害・腰痛の発生や化学施設の爆発・火災の多発、多くの産業の振動病、じん肺、難聴などの増加および過労死やストレス障害あるいは職業ガンの顕在化に明確に示された。この時期は抗議（怒り）の出発の時期といえる。

1968（昭和43）年日本共産党大阪府委員会は『労働災害と職業病から大阪の労

働者を守るために』の冊子を発行した。1969（昭和44）年に日本共産党は「労働災害と職業病を根絶し、犠牲者と遺族に対する完全補償をかちとるための当面の政策」を1月に赤旗に掲載した。いずれも時宜にかなった政策であった。

②1970年代

1960年代後半に活発化したいのちと健康を守る運動は、職場に埋もれていた多くの労災職業病を掘り起こし、その発生の責任が安全衛生を無視した企業と国の責任であることを告発し、労働条件・作業環境の根本的改善と被災者に対する完全な補償と医療を要求し多面的な活動（認定・補償の上積み、裁判など）の成果を上げ生存権理論や労働医学の前進を見た。このことに脅威を感じたのが企業と国であった。しかし、かれらは正面からそれを抑圧することができず、1972（昭和47）年労働安全衛生法の制定をきっかけに、労働基準法、労働者災害補償保険法の改悪の作業（特に婦人労働保護規定の撤廃）を開始し、「労使関係の改善」すなわち労働組合の「合理化」協調路線を積極的にすすめた。労働安全衛生法は事業者に最低基準と快適環境の基準を定めているが、労働基準法から安全衛生の部分を切り離すことによって労使対等により労働基準をきめるという重要な原則を後退させた。それは全般的に労働者の働く権利、生命と健康を守る権利、危険有害作業を知り拒否する権利を奪うものであった。ちなみに現在、労働者の諸権利の大きな後退をこの当時の動向を手掛かりにして見る必要がある。

石油ショック以後、低成長下の「合理化」は労働密度を高め、深夜・交代制労働が増え、「パート労働者」が増えた。公務員労働者への行革「合理化」がはじまり郵政の「バイク病」、自治体などの「保母病」、給食調理員の健康障害（洗剤病を含む）、清掃労働者の災害が増えた。

③１９８０年代

低成長の減量経営「合理化」は国際競争の激化を口実に、ますます安全衛生無視を進めた。その結果、５００人以上死亡した日航機墜落事故、夕張新鉱や三池有明鉱の災害や国鉄余部鉄橋災害などが起こった。さらに新しい「技術革新」すなわちＭＥ

化、原子力利用、セラミックの利用が行われ、また、ＶＤＴ機器の多用は肉体的、感情的、精神的負担を増大し、ロボット圧死やヒヤリ災害、ＶＤＴ健康障害を出した。人減らし、過大責任、しめつけはさらに進み、月１００時間を超える残業が増え、労働時間はさらにのびた。国鉄、電電の民営化は一層労働条件を悪化させた。一時帰休・出向・単身赴任者が激増した。その一方でたたかわない労働組合の右傾化をよいことにして大企業は低賃金、長時間労働、安全衛生軽視の状態を固定化した。そのなかで女性差別撤廃条約批准に名をかりた労働基準法改悪、雇用機会均等法実施やコース別賃金が行われ、女性労働者の残業規制および安全衛生基準も大幅に削除した。労働者派遣法も成立したが、たびたびの改悪は今日の雇用破壊につながっている。

振動病の控訴審で企業の安全衛生を明らかにした第一審を否定して、機械文明の恩恵を得るためには労災職業病の発生はやむを得ず企業の責任を問うのは酷であるという資本べったりの主張がされた。[注3] 労働時間短縮については、労働時間の長さと健康障害とについては産業医学上の定見はないと時間短縮に反対し、労働時間の弾力化（企業が必要なときに必要な労働力を必要なだけ使って捨てる）を進めた。

国と大企業は産学共同により資本に役立つ研究や「御用学者」育成を狙った。たびかさなる炭鉱災害や航空機墜落もすべて原因不明のままで事業者の法的責任は問われていない。大資本も政府も災害や健康障害の責任を労働者に転嫁し、「災害不可知論」、「不注意論」などを展開した。また、かれらはこれまで労働者・労働組合と協力し大きな成果を上げてきた医師、研究者とその業績に対して攻撃をかけてきた。

職場に運動の基礎を持ち、いかなる困難にも屈することなく、正義と科学と連帯の上に労働者のいのちと健康を守るたたかいを進めようとする労働者・労働組合と職対連や関連組織の役割はますます大きなものになった。われわれが職場を基礎にし、地域・全国的に幅広い運動を展開しない限り、労働者の安全と健康はますます脅かされるに違いない。センター設立は、このような情勢が提起する課題でもあった。

（注１）大阪労災職業病対策連絡会「職対連ニュース」２００９年12月号
（注２）細川汀「一泊学校20周年を祝い、今後の発展を祝って」『第20回労災職業病一泊学校冊子』１９８７年

（注3）是我法太郎「振動病控訴審判決の不当性」大阪労働者の生命と健康を守る実行委員会『労働と健康』第66号、1984年12月

第4章　大阪労働健康安全センターの設立

(1)安全センター設立への要求

このような労使関係の激しい対立の下にあって職対連のなかでセンターが欲しいという声が出ていた。まとめると以下のようなものであった。

◇産業別・企業別を超えた学習と交流の規模の拡大

企業別労働組合の場合、同一産業のなかでも交流が十分とはいえない。ましてや産業別の枠をこえた学習と交流の場は一泊学校しかない。

◇すすんだ労働組合のレベルの維持

例えば、高速印刷労働組合（全印総連）から「大阪全体をカバーできるようなセンターが欲しい」という声がでていた。高速印刷の労働組合は労災職業病の予防と補償のすぐれた労使協定を勝ちとっていたが、協定のレベルを労働組合が維持していくためには、当該労働組合の取り組みだけでなく同じ産業別内や産業の枠を超えた労働組合の大きな力が必要であることを見通しての期待であった。

◇地方公務員の公務災害認定・補償が遅れている

職対連では「三県公務災害認定交流集会」を継続して開き、『公務災害認定勝利と健康で働ける職場を目指して』（川野陸夫、１９９７年）を発行した。この分野を三県以外にも広げることを期待した。

◇企業・行政に対する活動の充実労働基準法、労働安全衛生法にもとづく監督実施状況の改善、指導および通達やガイドラインの実施状況と普及促進の要請に力を入れること。

◇大企業のたたかわない労働組合のもとで悩み苦しんでいる患者の救済と組織化。

◇いっそう幅広い分野の専門家・研究者との連携。
◇関連する諸機関と連携・情報収集など。
◇活動家をいっそう増やすことはこの運動の重要な課題である。

(2) 大阪労連のセンター設立の取り組み

ここでは、大阪労連が「大阪労働健康安全センター設立に至る経過」と設立趣意書(1993年12月11日設立総会)から紹介する。

1989(平成元)年大阪労連が結成された。大阪労連は、大阪における働くもののいのちと健康を守るたたかいを発展させる上で、大阪労働健康安全センター(以下・安全センター)設立の必要性はこの運動を進めている労働組合、民主団体や医療機関、研究者・医師などの専門家からも強く指摘されていた。大阪労連は1989年11月の結成の際から「安全センター」確立の必要性を認識し、翌

1990年第3回定期大会で「いのちと健康を守るたたかい」として専門組織にて関係者と協議をはじめた。また、大阪職対連や研究者・医師の方々から大阪労連との懇談も提起され、センター設立への相談も開始した。その後、具体化は進まなかったが3年後の本年（1993年）4月に「センター設立のためのプロジェクトチーム」を発足させ、9月13日に大阪労連と大阪職対連の呼びかけで「大阪におけるセンターの設立をめざす準備懇談会」を開催した。この会議には大阪労連傘下の労働組合や大阪職対連、過労死家族の会、民医連や民法協などの団体、個人、27団体46名が結集した。11月16日に「大阪労働健康安全センター設立準備会」を発足させた。そして本日の設立総会にこぎつけた。

大阪労連による安全センター設立経過がよくわかる。なお、大阪労連として次のような確認をしている。「この分野のたたかいは専門性が要求され、学者・研究者、医師、法律家などとの提携、罹病者、患者組織との密接な協力関係が重要である。これらの要請にこたえていくためには、大阪労働健康安全センターといった専門組織を大阪労連が軸になりながら、未加盟組合や不安定雇用、未組織労働者、『連合』傘下でたたかっている人々をも視野にいれていく必要がある」。そうした機運は大阪職対連や学者、研究者、医師などの専門家の間でも急速に高まっていた。

こうした安全センター設立の主体的条件は、到達状況に格差があるものの各単産での20年来の取り組みの蓄積があること、活動展開に狭さがあるものの大阪職対連が粘り強く活動をつづけていること、これらを通じて各分野の専門家のネットワークが存在していることがあった。他府県にくらべても有利なものがあった。問題はこれらの条件をどのような具体的な組織体として実を結ばせるかである。

安全センターの目的は「労働者、労働組合のいのちと健康を守るため、国や企業に対して、予防と補償の十分な対策を講じさせ権利を拡大する運動の前進に寄与するとともに安全衛生に携わる関係諸機関（者）との協力体制の向上に資する」ことにある。なお、大阪労連は所属の組合員１人あたり10円を拠出し、センターの基金にすることを決めた。

設立準備段階で個人・団体で出ていた意見は、松丸正弁護士からは「自分の職場以外の人、たとえば過労死家族の実態を知ってほしい、オンブズマンなどとも交流してほしい、監督署交渉もやってほしい」があった。過労死家族である平岡チエ子さん（平岡悟さんの妻）からは「労働組合が過労死家族の会を援助し、同時に過労死および遺族の実態を知って予防に役立ててほしい」ということがあった。

補　大阪労働安全センターの体制

設立総会には39団体116人が参加。その中には弁護士４人、研究者４人、医師４人。他府県から兵庫労働医学研究所、北海道職対連、埼玉健康破壊を考える会、愛知健康センター、京都職対連。

役員体制

〔理事会〕理事長 本多淳亮（大阪経済法科大学教授）、副理事長 田尻俊一郎（淀協勤労者厚生協会社会医学研究所所長）、副理事長 辻村一郎（同志社大学教授）、副理事長松丸正（堺法律事務所 弁護士）、副理事長 松本明子（大阪職対連会長）、専務理事 福井宥（大阪労連副議長）、常務理事 事務局長 北口修造（大阪労連幹事）、理事 藤原代子（大阪職対連事務局次長）、事務局 小倉春男（大阪労連嘱託）

〔幹事会〕幹事長 福井宥（専務）、副幹事長（理事を兼ねる）民法協1人、民医連1人（重田博正）、常任幹事　職対連1人、医師・研究者2人

〔幹事〕労働組合20人（所属と氏名を略）、民法協4人、民医連4人、職対連3人、医師・研究者10人。研究者として西山勝夫（滋賀医科大学助教授 労働衛生、人間工学）、近藤雄二（天理大学助教授、労働衛生、衛生学）、富家孝（元府立公衆衛生研究所 物理学、衛生統計学）、平田衛（府立公衆衛生研究所、医師、衛生学）、田淵武夫（府立公衆衛生研究所、検査）、脇田滋（龍谷大学法学部教授）、倉沢高志（医療生協港診療所、医師、メンタルヘルス）、心理学、人間工学、環境衛生の分野から各1人。

〔協力会員〕埣田和史（滋賀医科大学助手、医師、予防医学）、中迫勝（関西医科大学助教授、労働衛生学、人間工学）、中島正雄（京都府立大学助教授、労働法）、田井中秀嗣（大阪府立公衆衛生研究所、人間工学）、山岡茂夫（元大阪市立環境保健研究所）、田村

博（京都工芸繊維大学助教授、人間工学）、中田　実（淀協勤労者厚生協会社会医学研究所、医師、労働衛生）、重田博正（淀協社会医学研究所、社会医学）、高坂祐夫（大阪信愛女学院短期大学教授、環境衛生）、三戸秀樹（近畿大学講師、労働衛生、産業心理学）、石橋富和（大阪国際女子大学、労働衛生、産業心理学）
〔顧問〕細川　汀、原　一郎（元関西医科大学教授、労働衛生、有害化学物質）、吉田正和（医師、労働衛生）、水野　洋（医師、労働衛生）。

（注１）第5回労災職業病一泊学校（１９７０年5月9〜10日）にて事務局の下仲英夫氏が報告した論稿を参考とした。

（注）本節は、西山勝夫「１９７０年前後の大阪労働者のいのちと健康を守る実行委員会」大阪労災職業病対策連絡会『労働と健康』第227号（２０１１年9月）〜第229号（２０１２年1月）を参照した。

（3）大阪職対連と大阪労働安全センターの役割の違いと課題

職対協（1966（昭和41）年）、大阪職対連（1968（昭和43）年）の発足から27年後に大阪労連の結成をまって安全センターが設立した。職対連と安全センターの違いはどこにあるか、という質問も寄せられているようだ。

職対連の基本活動は患者の悩み苦しみを解決する道筋を患者とともに明らかにして健康を取り戻すこと、そのための適切な治療・認定・補償・職場（社会）復帰の支援である。この活動は、職対協の項で運動の原点であると指摘した。その取り組みは歴史の中で進化してきたのである。悩み苦しみが原点であるという意味は、悩み苦しみの中にこそ使用者・資本との対決点があるということ。したがって、悩み苦しみの原因と責任を明らかにすることによって悩みと苦しみは「怒り」に転じ、やがて認定・補償の取り組みは、「自分と同じ苦しみを他の人に味わわせたくないからたたかう」に変わる。このような患者は少なくない。過労死家族にも同じ思いの人が少なくないだろう。

ところで現在、職対連では、この基本活動を「職業病相談会」が担っている。１９９９（平成11）年に頸肩腕障害の患者の認定補償を求める患者の交流会を出発とする職業病相談会は、年月を経過する中でメンタル不全の患者が中心となってきている。また、職場のメンタル不全者が増加する中で、２００６（平成18）年からは職場のメンタルヘルス事例研究会が医師、研究者、労働者によって開始され、現在は産業カウンセラーや弁護士を加えて活動を継続している。この研究会ではメンタル不全への理解を深めると同時にその原因や背景に迫っている。

ここでの課題としては、劣悪な労働条件と病気との関係を明らかにして、労災認定だけでなく職場改善に役立てるための労働基準監督署への要求交渉を安全センターなり労連で検討してほしいということだ。安全センター加盟の労働組合には安全衛生担当部をつくり、日常的に取り組み、認定・補償の労働協約をかちとっているところが少なくないであろう。労働組合に力がある場合は患者が出ても早期発見、早期治療ができ補償協約にのせられる。

職対連の相談会に来る患者の多くが未組織労働者であることが職対連と安全センターの労働組合との決定的違いで、未組織労働者には当然ながら団体交渉権がない。したがって、会社に対して、職場復帰などは、「お願い」になりがちである。個人加盟の労働組合に加入して会社と交渉する労働者はいるが、会社との関係で加入には敷居が高い。ここにも課題がある。わが国には未組織労働者が圧倒的に多く職対連や社会医学研究所などに来ることはできてもその先の見通しが安定しない。

ところで、この運動の担い手は、活動家、特に、いのちと健康に強い活動家であると前述した。災害や病気が出たとき、その職場に活動家がいるかいないかで重要な違いがでる。古いことではあるが、災害が起これば活動家が現場を押さえ職制に抗議する。すると周囲の労働者も集まってきて事実上の抗議ストがおこる。現在はそのようなことはできにくい。しかし、活動家は災害現場を観察する目を持っているので、後日、職場改善の要求ができる。労働組合の場合は職場委員と執行部に安全衛生に関心の強い人がいなければ、現場の生々しい状況把握に執行部と職場の間でへだたりがでる。これを埋めるのも課題である。

それをカバーする一助にもなるのが安全衛生担当部である。この担当部員は長期の担当が要求される。なぜなら安全衛生には一定の法・規則を理解し、職場を常時点検し、危険有害作業や場所を把握する能力・技術が必要であり長期の経験が重要である。これらの課題解決は設立趣意書が述べているところの、「安全センターは、大阪労連が軸になりながら、未加盟組合や不安定雇用、未組織労働者、『連合』傘下でたたかっている人々をも視野に入れていく」ためにも必要ではないか。以上は、今まで私が見聞きしたことの一端である。必ずしも安全センターのことだけではない。

最後に、労働者のいのちと健康を守る主体は労働者・労働組合である。この主体の運動を支え、共同するのが安全センターや職対連であり、決定的に重要なのが医師・弁護士など専門家と研究者で、社会医学研究所である。このことは大阪の、長い運動の歴史の教訓である。

第5章　職対連と関係組織

(1) 職対連とはなにか

労働者のいのちと健康を守る運動において、センター（全国・地方）および職対連などの地域組織の役割は非常に大きい。ここでは、とくに職対連について述べる。

①1960年代職対連結成の背景

1960年代、産業・企業・職場の「合理化」が進むにつれて、労災職業病が年々増加し、被災者、家族の悩み苦しみが深刻化する中で、1960年代半ばごろから、被災者・患者と活動家が、医師・弁護士の協力を得て必死で労災認定・補償闘争をねばり強くすすめた。この取り組みは、医療機関などを患者たちの寄り合いの拠点にしてすすめられていたが、やがて地域組織として職業病対策連絡会（職対連）が発足した。それは東京、大阪、京都、神奈川、北海道、千葉などで相前後して生まれた。１９６７年には金融共闘、新聞労連、紙パ労連など労働組合、東京職対連、民医連、新医協など27団体で「職業病全国交流集会」が発足したのである。一方、労働組合独自の取り組みも前進し、１９６７、１９６８年には産業別労働組合の全国的な学習・交流集会がもたれた。１９６６年には総評・中立労連、学識経験者を中心にして「日本労働者安全センター」も結成された。

②職対連の独自活動

「合理化」は労働態様・労働条件・作業環境・人事労務管理を変え、労働者の権利を侵害し、搾取と支配を強化し、その結果、ケガや新しい病気を多発させた。同時に、企業や国主導の安全競争のもと、ケガや病気の「不注意論」「自己責任論」「不摂生論」が職場に浸透した。そのため、被害者・患者（とくに、けいわんなど疲労性疾病）は、自分の病気が職業病であることに気付かない。ただただ苦痛を取り除いて欲しいため医療機関を訪ねる。労働と生活との関連で診る医師にたどり着いてはじめて職業病であることを知る。つぎに安心して治療に専念するためには認定・補償の獲得が必要なこと、そのための労災申請の準備と監督署交渉を行う。やがては職場（社会）復帰などの課題と、その取り組みの道筋を患者と共にたどっていったのが職対連の大きな役割だった。

この取り組みの過程で肝心なことは、労働者の病気の原因が「合理化」にあることと、その企業責任を明らかにすることである。それは、職業病として認定させるために必要であるが、実は、この作業によって患者が症状を「合理化」との関係で理解することによって病気が自分の責任で起こったものではなく、企業の責任で発生したことを認識することであった。この認識の発展は病気を治す意欲につながり、そこから、「この苦しみをみんなに経験させたくない」というたたかいへと発展していったのである。

ところで、労働者の病気の原因を労働（「合理化」）との関連で明らかにすることは、同時に労働の改善点を労働者の「からだと心」を通して具体的に明らかにすることである。したがって、職対連加盟の労働組合は１人ひとりの認定闘争を通して、いのちと健康を守る視点からの職場改善の具体的方策、１人の患者の背後には多くの潜在患者がいること、早期発見・早期治療の重要性、そしてたえず「職場を見る目」（職場点検の科学的な目）をもつことの大事さを理解した。

このようにして職対連は患者の悩み苦しみを解決する活動を先行させながら、具体的な職場改善・予防の取り組みを提起してきた。これが職対連運動の基調である。

③労働組合と安全センター及び職対連

労働者のいのちと健康を守る運動の主体は労働者・労働組合であることは言うまでもない。職対連・安全センターなど地域組織は主体の運動に役立つ組織である。たしかに地域組織は労災補償や労災裁判など補償面の成果を獲得することができる。その結果、一定の職場改善をさせることもできる。しかし、この場合、職場の労働者・労働組合の取り組みがなければ職場改善の成果は一時的なものになり、すぐに後退させられる。やはり、職場改善は労働基本権をもち安全衛生・労災補償の労働協約締結権をもつ職場の労働組合のとりくむべきことに違いない。化学一般など先進的な労働組合がよき例である。

大阪では、１９６０年代はじめから金融職場の「合理化」の被害が発生し、患者・活動家の治療・認定運動が起こり、１９６６年には金融関係の労働組合によって大阪職対協（大阪職業病対策連絡協議会）が生まれた。そのような運動を踏まえて職対連が１９６８年に発足した。１９７０年代になって、もっと多くの労働組合が入った規模の大きい安全センターが欲しいという声が上がった。１９８９年に発足した大阪労連に対して職対連からセンターをつくろうと要請した。１９９３年12月、大阪労連は組合員１人につき10円を集めて基金として大阪労働健康安全センターを結成した。安全センターは労働組合を中心に研究者・専門家を含めて構成している。安全センターの基調は労働組合の安全衛生・予防活動と認定・補償活動の促進であり、相談活動、講座・学習・職場交流・見学、宣伝、裁判支援と対行政活動など幅広く取り組んでいる。

④大阪職対連の「職業病相談会」活動の意義と役割

職業病相談会（１９９９年発足）とは、「働いている人の健康不安あるいは健康についての悩みや苦しみについて、職対連のメンバーが相談にのる。それだけでなく、そのメンバーのリードで健康不安を抱える人同士が交流して互いに学び合って悩みを解決する力を身につけながら、解決に向かって進んでいく」そのような場が相談会である。この相談会活動が、実は職対連のコア（核）になる活動である。相談会の交流の中からは、今日の職場における「非人間的」人事管理や労働実態、無責任な安全衛生管理、それを放置している国の監督行政の不備な状況などが生々しく現れている。ここから、企業や法・行政が提起（攻撃）してくる課題を整理し、労働者・患者の悩み苦しみが提起している課題（要求）と切り結んで方針（政策）を立て、職対連だけでは当然、手に余る課題と運動について安全センターや労働組合（地方労連）、関連諸団体に問題を提起する重要な活動がある。なお、現在の職対連では、相談活動とは実際の相談に応じることであり、相談会活動はいわゆる「患者会」の活動をさしているため、その違いに注意が必要である。

⑤職対連の独自的役割

補償と予防の取り組みにおいて、その運動経験や教訓の共有と蓄積が重要であることはいうまでもない。職対連、そして、安全センターもはあらゆる産業・職種・職場の労働者（正規・非正規を問わず）・労働組合に門戸を開いている。したがって幅広く様々な職場の「合理化」とその被害の共通性（普遍性）を理解し、取り組みの道筋と原則、柔軟な取り組みの方法を把握できる可能性がある。ところで、わが国の労働組合の多くが企業別労働組合であることから、産業別・全国的な運動の経験交流が必ずしも容易ではない。したがって貴重な教訓の共有が多いとはいえない面がある。

また、わが国の労働組合の役員は数年ごとに変わる問題がある。認定・補償の大闘争を取り組んだ後、その経験と教訓が蓄積されにくいことが多い。また、安全衛生の新しい担当者からは「難しい」「とっつきにくい」という声を聞くことが少なくない。たしかに安全衛生は技術や法規だけでなく、いのちと健康を守る視点から職場を見る科学的な目が必要であり、また経験（訓練）を積むことによって身につく「体感」

がものをいう。1年~数年で変わることによって安全衛生のリーダーとしての経験と力量の継続が難しい。数少ないが長期間担当している役員がいたり、安全衛生担当部を設置して運動レベルを継続させる努力をしている組合はあるが、もっと増えてほしい。

職対連が労働者・労働組合のいのちと健康を守る運動にいっそう寄与するためには、過去・現在のたたかいの経験と教訓を整理することと、労働者・労働組合、専門家・研究者、医療機関との日常的連携と交流が必要であることはいうまでもないが、同時に、いっそう重要なことは、心身の健康に悩み苦しみを抱えた人が顔を出しやすいこと、一方そのような人を、仲間から仲間へと掘り起こすことが職対連・相談会活動をより豊かにし、そこから出てくる切実な要求と課題を安全センター（大阪労働安全健康センター）、労働組合（大阪労連）や関係諸団体に具体的に提起し共に取り組める力をつけることが必要である。

（2）職場の「健康を守る会」の果たした役割と今日的課題

戦後の労災職業病あるいは過労死・過労自殺のほとんどは、企業から取り上げたものではない。職場の労働者が問題にし、団結してとりくみ、それが労働組合や地域の運動に発展し、行政を動かし企業に労働条件・職場環境の改善、安全衛生・災害補償の充実を促してきた。１９６０年前後からの運動の発展は、職業病の認定闘争を基礎にして、職場や地域の患者会、労災裁判を支援する会、それに「労使協調」を基調にし、患者の要求に積極的に応えないばかりかときには妨害する労働組合のもとで患者と活動家がつくった「健康を守る会」、過労死家族の会があった。そして、これらの組織、団体の地域における砦として職対連やいのちと健康を守る地域センターが組織された。これら地域組織の構成は労働者・労働組合、被災者・患者と医師、弁護士、医療労働者そして労働衛生・法学・経済学などの専門家・研究者らである。全国組織としては１９６６年に日本労働者安全センター（総評）、67年に職業病全国交流集会

（実行委員会）や、そして１９９８年12月に働くもののいのちと健康を守る全国センター（全労連・全日本民医連など）が結成された。

ここでは、「健康を守る会」の発生とその果たした役割を述べ、今日的課題を考察する。

なお、「健康を守る会」という名称を付けていなくてもその機能や役割がいわゆる「健康を守る会」と共通しているものは、電機産業や生命保険、製薬その他産業にも数多くある。ここでは「松下働くものの健康を守る会」と「大阪電電健康を守る会」を参考にした。

①職場の患者・患者会と「健康を守る会」の発生

１９６０年代、大企業をはじめとする職場「合理化」は災害を多発させ、有害物質による職業病、および機械化とスピードアップ、重い責任、ノルマ、長時間過密労働による労働負担増に起因する疲労性の新しい疾病を激発させた。このような産業・企業の「合理化」は、１９６０年安保闘争によって大きく盛り上がっていた闘う労働組合が労使協調を標榜し「合理化」に賛成する幹部に入れ替えられることから始まっていた。

疲労性疾病「けいわん」などは、耐え難い苦痛を発症するが、その症状が外面的に気づかれにくいことから家族や同僚にも理解されず、職場上司の多くは「無知」、会社は「怠け病」「体質」「家事育児」が原因と責め、患者本人も職業病であることを自覚することが困難であった。患者は誰にも理解されない痛み、苦しみ、悩みから自殺するものも少なくなかった。

労働との関係で病気を診る医師にやっとたどり着いて初めて職業病（けいわん）と知る。60年代初めは未経験の病気であったので医師たちの熱心な研究がおこなわれた。医院の待合室では患者同士の交流から職種や作業が違うが悩み苦しみが同じであること、この病気の原因が職場の労働態様・労働条件・労務管理にあって、会社がいう「怠け病」でも「体質」でもないこと、自分のせいで病気になったのではないことを知る。一方、医師はじめ医療労働者の温かい支えにもかかわらず、治療についての患者の不安は少なくなかった。言いにくいこと、不満がでる。そこで、みんなで対応することをこころみる。医院側も治療以外の共通する問題についての学習や相談は集団の方がよい。さらに労働基準監督署への労災申請・交渉は組織的対応が有効である。かくして持続的・組織的活動の必要性が自覚されて患者会が発生した。このような地域の患者会を反映して職場患者会も生まれた。

②職場の「健康を守る会」の活動と機能

「健康を守る会」は患者・患者会を包み込み組織された。患者は「合理化」の犠牲者であること、したがって会社の責任において患者の治療・認定・補償・職場復帰をさせることが「健康を守る会」の第1の課題である。第2の課題は職場からケガや病気だけでなくあらゆる健康障害を発生させないために会社に対して予防対策を立てさせ、行政に対しては安全で健康で快適な職場を確保するため事業者に対する厳しい監督を実施させ、また労災補償制度を充実させるようとりくむことである。

第1の課題のためには職業病に理解のある医師をさがすことからはじまり、相談・学習活動、自己意見書作成、支援の訴え、労働基準監督署交渉、裁判傍聴などがあり、これらの活動は職対連を媒介にして専門家の協力を得た。また、労災申請にともない労働基準監督署の工場内立ち入り調査を要請し、その結果、工場への指導をさせるなど多様な活動がおこなわれた。

１９６０～１９７０年代の能力主義競争制度による小集団管理は、労働者を分断し、他方で「自主的・自発的」に労働強化に突き進ませながら「企業意識」を持たせようとした。その結果、痛みを隠して働く患者が多数うまれた。とりわけ身分が不安定なパートは契約打ち切りを恐れて潜在化した。この患者を掘りおこし、救済する活動は職場に健康を守る運動を広めることになった。

第２の課題は、「松下働くものの健康を守る会」では、けいわん発症の原因であるラインの高スピード、過密動作を「人間らしい働き方に」という要求は言うまでもなく、週休２日制に伴う１日の労働時間延長、休憩時間削減、生理休暇取得抑制などに対して「生産阻害者」と攻撃されながらも要求を繰り返した。さらに休憩室、トイレの増設、妊婦の補食室など新しい職場要求もとりあげた。

「大阪電電健康を守る会」では、労働条件改善・権利侵害反対を前面に立てていたたかった。番号案内のけいわん発症の原因であった一つの「呼」にたいして33の動作を、耳と目と手指と口を組み合わせて行い、しかも主任による背面監視や「盗聴」された録音テープによって対応評価とミスの追求にたいして改善要求はいうまでもなく、また、いじめや権利侵害にたいする抗議、労働条件・安全衛生・作業環境・福利厚生・労務管理にたいする要求を日常的にとりくんだ。この職場の運動と結合して、けいわん補償のための認定と裁判闘争を23年間たたかいぬき勝利した。それは、人間の尊厳を守るための団結の勝利であった。

③「健康を守る会」活動と「労働組合」

「健康を守る会」が会社・労働組合の反発を受けながらも、職場で「市民権」を獲得したのは、企業・行政に対する要求は常に労働組合を通して行うことを原則にしたことであった。あらゆる要求はすべて労働組合に持ち込み会社との交渉を依頼した。そのために「日参」することを厭わない。このことが職場のすみずみで生起している問題を労働組合に反映することになり、労働組合を本来の姿に立ち戻らせようとする力になった。その結果は、「企業内補償協定」や「療養出社制度（職場復帰制度）」（生命保険）などを獲得する成果としてあらわれた。

そしてなによりも職場にいのちと健康の大事さを広めた。ニュースや冊子、ビラの効果は大きい。「松下健康を守る会」のＢ６判８頁の小冊子「けいわんとはどんな病気」「ＶＤＴ作業者にＯＡ病」「過労死こんな仕事が危ない」などは大きさがポケットに入れやすい。筆者は「この冊子を読んだのでけいわんが重症にならずに助かった」という声を聞いた時、ビラやニュースの役割の大きさを思ったことがあった。「大阪電電健康を守る会」の機関紙「もしもし」（１～２７５号）も広く読まれ労働組合に影響を与えただけでなく、企業の敏感な反応があると報告されていた。コンベアの速度や電電の公災補償について国会でもとりあげる成果をあげたのも「健康を守る会」の運動の結果であった。

最後に、「健康を守る会」は、主に労使協調を標榜する労働組合のもとでの活動である。しかし、その機能と果たした役割をみるとき、今日の未組織職場を含めて、職場のケガや病気だけでなくあらゆる健康障害、メンタルヘルス障害をとりあげ団結してとりくむ集団が、どのような形態・組織であれ職場に存在することが労働者のいのちと健康を守る運動前進にとって不可欠であることは確かである。

(3)「働くもののいのちと健康を守る全国センター」への期待
――労働組合及び地域の職対連・患者会などのセンターとして――

「全労連情報」(№２６８) によると「働くもののいのちと健康を守る全国センター(仮称)」設立準備会の年内結成をめざし、全国労働組合総連合、労災職業病対策実行委員会、全日本民医連、国民救援会、東京地評、東京労連の6団体が多くの団体・個人に対し、賛同を申し入れている。そして「全国センター」は、「働くもののいのちと健康を守る活動」「労働安全衛生活動」や「労・公災認定や補償」などの「情報収集と広報活動」「学習・教育と政策研究」や「運動の交流・支援、連携」「国際交流」などが役割として求められているが、いっしょに「全国センターの構想」をつくっていきたいと報じている。

この節では「全国センター」を構想するときに前提になる、その理念、目的・性格・役割などについて述べたい。

①「全国センター」の構想を考える前提

第１は、「全国センター」の理念、目的・性格・役割を明確にすること。労働者・労働組合が職場を安全で健康で快適なものに変えるためには職場を科学的に見る目をもつことが基本になる。これはケガや病気だけでなくあらゆる健康障害や過労、ストレス、不安などの原因である労働条件、作業環境、労働負担を予防の面から見る科学的な目である。補償面では労災補償の理念の理解、とくにその権利性、制度活用上の知識及び補償行政の現状分析と、あり方の理解が必要である。

労働者・労働組合がこのような力量を高めるために「全国センター」が役に立つ組織であることが求められる。そのためには、自然科学、社会科学、人文科学の諸科学が広範囲に動員され専門家・研究者の幅広いネットワークをつくることが必要になる。

第２に、「全国センター」だけを取り出して議論しないこと。今までの、いのちと健康を守るもろもろの運動の担い手との関連で議論することである。

運動の担い手とは、健康を守る活動的労働者（以下、活動家）、先進的労働組合、各種患者会、大企業の中の健康を守る会、認定闘争や労災裁判を支援する会、過労死家族の会、地域の職対連などの地域組織及びそれを構成する個人、労組、団体である。

なお労働組合については中央単産、地方単産（地本）、単組、支部、分会や地区協議会などの各レベルの役割を整理することである。このようにして、それぞれの個人・組織の機能と役割や課題を明らかにしながら、その上で「全国センター」についてもその役割を明確にすることが必要である。

②今までの労災・職業病運動の担い手や労働組合の果たしてきた役割

(1) 運動の担い手（諸団体）

１９６０年前後からの労災・職業病運動には、被災者・患者を支え、ねばり強く運動をつくりあげ勝利を積み重ねてきた職場の活動家の労災認定闘争がある。この闘争を基礎にしながら、60年代には労働者のさまざまな組織が生まれてきた。それは職場や地域の「患者会」、認定や労災裁判を「支援する会」、労使協調の組合幹部が支配する組合のもとで、患者と活動家がつくっている職場の健康を守る会。そして、1981年に発足した「大阪過労死連絡会」、それに認定闘争と連動して労災・職業病の予防闘争・安全衛生のとりくみを強力にすすめてきた先進的労働組合がある。職対連やセンターはこれら諸組織の地域における砦として活躍してきた。これらの労働組合や団体及び地域組織がわが国における労災・職業病運動の担い手である。

全労連は結成後1993年に「いのちと健康を守る対策委員会」を発足させ、「学習交流集会」「活動家養成講座」などを開き、先述の5団体と共同して運動を前進させ、「全国センター」設立準備会発足までにこぎつけてきた。

これからの労働者のいのちと健康を守る運動は労働組合がいっそう主体的な力量を備え、運動の中心になることによって大きく前進することが期待されている。その場合、今までの先進的労働組合や自主的な諸組織の血のにじむような努力と、それぞれの組織の果たしてきた役割と性格を正しく評価し、位置づけ、諸組織間の有機的な関係を保ちながら、全体として体系的・組織的な運動を大きく前進させていくことが必要である。

そこでいのちと健康を守る運動の上で労働組合、諸団体のそれぞれの役割について述べたい。

(2) 労働組合の役割

a　単組活動の基本

いのちと健康を守るための課題は普遍的な課題として反「合理化」闘争の基底に位置づけ、同時に労働条件（賃金、労働時間、安全衛生）の改善及び補償の課題は独自の課題として取り組むことが求められる。単組は職場に直結していることから、この位置付けが直接的なものとならざるをえない。安全で健康で快適な職場確保は、地方単産を経由して達する単産の指導をふまえ、職場の「合理化」と健康破壊の実態に基づき具体的な方針をもって運動を組織すること。そのため労働条件、作業環境、労務管理を日常的に点検し、また職場に隠されているケガや病気だけでなく疲労、体力・気力の低下の状態をていねいに掘り起こし、労働者のストレス、不安、悩み、苦しみの訴えを組織することである。そのうえで快適な職場と、人たるに値する労働を獲得するための切実で具体的な方針をもって取り組むこと。労災・職業病と疑わしいケガや病気は申請することである。

b　地方単産・地本の活動

各単組・支部の「合理化」と健康破壊の実態を把握すること（化学一般のハガキによる月一回災害報告などが参考となる）。賃金、労働時間及び安全衛生など労働条件の問題点、作業環境の危険・有害性、有害物・有害エネルギーの防止対策、新技術導入にともなう労働負担の調査と対策、作業・職場管理基準の設定と改善。予防と補償協定の統一要求の作成や見直しの促進。単組交流や学習講座の実施。そのため医師、弁護士、研究者や専門家の組織化、単産の方針、指導を単組・支部の実情をふまえ、具体化して指導を行うことなどである。

c　中央単産の活動

単産全体の運動水準向上のため、各単組・支部の「合理化」と健康障害を地方単産を通してリアルに掌握すること。単産の情報センターとしての役割の充実。国・行政の法規、通達などの解説や、単産としての健康調査と対策、同種産業のＩＬＯや諸外国の動向を掌握。政府に対する予防と補償の法制度改善や行政の民主的なあり方のための全国的統一要求行動の促進が必要である。

d　労働組合のローカルセンター

加盟組合だけでなく地域全体の労働者（パート、アルバイト、派遣労働者、下請けなども含めた非正規労働者）の健康を守る運動の組織化。そのための相談窓口の増設・充実（1監督署管轄内1相談所など）。法制度の改善、対行政活動のなかで職場実態に即して具体的な問題提起をすること。医師、弁護士、研究者や専門家の組織化を援助し、連帯し、系統的な学習、交流、連続講座、相談、調査、宣伝などの活動や職場の相互見学の組織化をすすめること。そのためにも、職対連やセンターなどの地域組織と連携ないしは共同が必要である。

e　労働組合のナショナルセンター

以上の各レベルの運動を統括し、援助し、財界、政府、国会への具体的な要求運動を組織することなどが必要。そのためいのちと健康を守る政策及び戦略目標を策定することは欠かせない。

f　いのちと健康を守る対策委員会（安全衛生の専門部）

労働組合が上記のような運動を推進するためには安全衛生の専門部や支部・分会に至るまでの担当者の設置を促進することが必要である。専門部は運動の成果や教訓を積み重ね、長期にわたる運動の系統的・持続的発展を推進するための役割を担当するものである。地方単産の専門部には中央単産の専門部に現場の「合理化」と健康破壊の生々しい実態が伝わるような工夫がいる。

③働くものの健康を守る地域組織

それぞれの地域で、その地域に相応しい課題と構成と性格をもって労働者のいのちと健康を守る地域組織が結成されてきたこと、さらにこれからも生まれることには必然性がある。運動の大きな発展のために相互に尊重しながら、経験交流と連帯活動がいっそう必要である。

(1) 労災職業病対策連絡会（職対連）などの地域組織

職対連は地域における被災者・患者個人および患者会、職場の健康を守る会、活動家、過労死家族の会、労働組合、認定・補償・裁判を支援する会、それに医師・弁護士・研究者、専門家の個人や団体（民医連、民法協、新医協等）などによって構成されている。そして学習（職場を科学的に見る目と補償の理念と制度活用などの学習）と交流、相談活動、宣伝活動、対企業・行政活動の取り組みを通して、健康を守る運動を大きく組織し前進させ、この運動の力量を高めるために役立つ地域の砦としての役割を果たしてきた。まだ、職対連をもたない地域で職対連やセンターをつくることは、労働組合や健康を守る団体が企業や地域の枠を超えて幅広く交流し学び合いながらいのちと健康を守る連帯行動を展開するための大きな一歩を踏み出すことになるだろう。

(2) 患者会（地域と職場のけいわんや腰痛の患者会）

患者は一日もはやく治りたいと思いながらも会社ばかりか、労働組合、それどころか同僚や家族からも、その痛み苦しみを分かってもらえない悩みをもっているものである。患者会では職場や職種が違っても同じような悩み苦しみを話し合い、分かり合い、慰め合い、支え合うことができる。その中で治療方法の交流をし、企業の嫌がらせに対し励まし合い、認定申請、自己意見書などをハンディを背負わされたもの同士が活動家や専門家の協力を得て作成する。そのためには学習や交流が欠かせない。そのなかで患者たちは必ず治る、治せるという確信をもつ。そして、幾度も悲観し、悲嘆にくれながらも、必ず治すという意欲を確かなものにしていく。これが患者会の歴史が教えてくれるものである。ところで患者とは「合理化」（搾取と支配・人権侵害の体系的諸方法）の犠牲者である。患者の悩み苦しみのなかに、「合理化」の非人間的な姿を見てとることができる。したがって、患者会の活動のなかには資本と真っ向から対決する原点がひそんでいる。そうであるから、患者・患者会の切実な要求のなかに、健康な労働者には見過ごしやすいが、予防と補償の真の改善点がひそんでいることが少なくない。

その意味で、労働組合は患者会を支援し（会の組織化も支援し）、運動の中に正しく位置づけることが運動発展にとって大事である。一方、患者会は、悩みや苦しみ、要求を健康な人や労働組合に理解されるよう努力することが、健康を守る運動の前進に結び付くことと確信することが大事である。

（3）職場の健康を守る会

労使一体を標榜し、健康を守る運動に「消極的」な労働組合の下で活動家や患者が正規労働者だけでなく、非正規労働者も含めて組織する健康を守る会がある。会の活動は職場における「合理化」と健康破壊の実態を把握し、患者を掘り起こし、治療、認定、補償、職場復帰、職場改善・予防を医師・研究者らと協力して取り組んでいる。労働組合や会社に対して、事実に基づき要求し、場合によっては監督署に申告し、立ち入り調査をさせ、その結果、企業に対する指導・勧告をさせ職場改善をさせる活動も行ってきた。学習会や調査をしたり地域の健康を守るセンターや職対連、患者会などと交流、共同を行い、また労働衛生に関する研究会にも積極的に参加している。

(4) 地域センター

それぞれの地域では、その地域に相応しいいのちと健康を守る組織を生み育ててきた。地域職対連は学習、情報・宣伝などのセンターとしての役割ももち、すでにその機能を果たしている。そのことを前提にしても職対連とは別にセンターを作る場合にはおのずからその性格や役割が明確になってくる。いのちと健康を守る労働者・労働組合が職場を科学的に見る力をつけるために活用したり、相談し、情報交流するのがセンターではないか。さらに運動の進んだ職場、遅れた職場の交流を通して援助し、協力し、地域の労働組合や団体が運動を科学化する力を総体として高めるための場として役立つことも大きな役割である。

④まとめ

労働者・労働組合のいのちと健康を守る運動の当面の目標は、事業者に対して予防と補償の十分な対策をたてさせ、国に対しては安全で健康で快適な労働基準・労働条件の設定と事業者に対する厳しい監督及び正当な認定制度と十分な労災補償制度を確立させることである。

この目標に向かって、労働組合や地域の諸団体が、それぞれの課題と役割と性格を明確にし、その上で連帯することが求められる。かくして、いのちと健康を守る運動の体系的・全面的な展開が可能になり、この運動の展望を大きく切り開くことになるのではないか。「全国センター」はその中で独自の役割と存在意義をもつことが期待される。

（補）以上のように「全国センター」は運動体と考えない方がよいのではないか。

運動体はあくまでも労働者・労働組合であり、職対連である。センターはその運動体がいのちと健康を守るために、科学的な力量をより大きくするために役立つ組織と位置づけるのが私の考えである。なお運動体とは、たたかう組織として要求実現のため、行動を行う組織のことと考える。

（注）「全国センター」設立準備会は、１９９７年12月10日に結成された。

第3部

いのちと健康を守る運動の基本

第１章　労働組合の生命と健康を守る運動の課題と期待

１９９1年秋、「労働組合が、なぜ、労働者の生命と健康を守る運動にとりくまなければならないか」というテーマで学習したいからと、講師依頼を受けた。端的で、かつ、積極的なテーマ設定なので、喜んで出席した。このテーマは、めまぐるしい職場状況の変化にともなって、古くて、つねに新しい課題である。そして、労働者・労働組合にとってはすぐれて、階級的、実践的理解の必要な問題であり、その意味で、日常的活動と学習の積み重ねが欠かせない。

ここでは、労働者・労働組合の労災・職業病闘争、生命と健康を守る運動の今日的課題について述べる。

(1) 労働者・労働組合の労災・職業病闘争の基本と戦線分野

今日では、労働者のケガや病気や不健康の原因が「合理化」にあること、したがって、労働者・労働組合による反「合理化」闘争によって生命と健康を守らねばならないことは、健康を守る運動を積極的に取り組んでいる労働者・労働組合にとっては理解しやすいことである。しかし、このような理解が労働組合運動の歴史に登場したのは、そんなに古いことではない。

すなわち、労災・職業病闘争が、労働組合運動、なかでも、総評の運動の柱のひとつにとりあげられたのは１９６３年の三池炭鉱爆発災害（死者４５８名、一酸化炭素中毒患者１０００名）以降である。中毒患者の医療・生活補償要求運動は、災害の原因と責任が炭鉱「合理化」にあったことを明らかにして、この運動に反「合理化」の性格づけをした。一方、それまで、地道に、ねばり強く、職場や地域でとりくまれていた労災認定闘争のエネルギーが結合して、労災・職業病の補償そしてつぎに予防の運動が前進したのである。

ところで、労災・職業病の運動には、非常に多くの課題がある。それは、運動の前進とともに戦線分野が広がった結果である。そこで、運動発展の道筋を辿りながら、広がる諸課題をスケッチしてみる。それは、労働組合が生命と健康を守るための課題範囲であり、これから取り組もうとする労働組合や、すでに取り組んでいるが、特定課題にとどまっている労働組合の参考になれば幸いである（あくまでもスケッチなので大事な課題もおとしている）。

職業病患者は、はじめから、自分の病気（ケガの場合でも）を職業病と自覚していることは少ない。傷つき、倒れ、悩み、苦しみながら、納得のいく医師（病気を労働・生活との関連で診てくれる医師）を発見することからはじまる。やっと、めぐり合い、適切な診断と治療がはじまっても、安心して休み治療に専念するためには労災補償を受けなければならない。そのための労働基準監督署（公務災害補償基金支部など）への申請と自己意見書づくり、そして「認定基準」の壁をこえるための監督署交渉。他方で、労働組合があれば労組への働きかけ（労働組合が積極的にとりくむところもある）、企業責任の追求、そして、家族や職場の理解を得るための努力。同じように悩み苦しんでいる同僚との仲間づくり。

このような活動の基礎は、病気やケガの原因が「合理化」・搾取強化にあることを被災者・患者の身体と心を通して明らかにすること、そのことが運動発展の基礎になっている。そして、この明らかにする作業には民主的な医師・研究者の協力が欠かせない。

ところで、「合理化」の進展と健康を守る運動の発展につれて、生理学、心理学、労働衛生、労働科学、人間工学、法学、経済学など自然科学、社会科学の協力する研究分野が広がり、運動の科学性が高まる。同時に、この運動の中で諸科学も発展する。したがって、労働者・労働組合に対する医師・弁護士・研究者の、たんなる援助や協力でなく、運動の前進と科学の発展の相互協力の関係を見逃してはいけない。

つぎに、認定・補償闘争や労災裁判は、他の職場や地域への支援要請や署名活動を行う。ケガや職業病が「合理化」の結果であることを事実でもって告発し、悩みや苦しみ、悔しさや怒りを訴える支援要請は、行く先々で共感と連帯を呼び、大きな確信を獲得する。この確信をもとにした企業と行政の責任追求は、二度と災害や病気を起こさせない予防責任の追求に連動する。ここに、補償と予防は車の両輪であることの必然性があり、いずれかに片寄ることは、当面の要求は実現しても全体として運動の前進につながりにくい。

　ところで、職業病患者はある程度回復すれば、職場復帰をしなければならない。しかし、一挙に元の職場で元の仕事は無理である。したがって職場復帰・リハビリ勤務の制度がいる。

　労働組合としては、健康診断や安全衛生委員会など企業の安全管理義務を果たさせる活動や労働条件、作業環境の日常的な点検活動、その延長線上に予防と補償（法定外補償）の団体交渉・協定化が必要である。さらには、現行労災補償法制、労働安全衛生法、労働基準法などの改正や認定基準、認定機構の民主化の取り組みが行われる。また、労働局、労働基準監督署への申告権の行使、国会要請も行われている。

　また、この運動にとって、最も大切な経験交流、学習、相談活動、対行政活動などは、職業病全国交流集会（１９６７年より）や労災職業病一泊学校（１９６８年より）、それに北海道から九州までの各地の職対連などによる無数の講座、学習会、交流会で行われている。そして専門家（医療、リハビリ、弁護士）、研究者（医、技術、工、法、経）と労働者による研究会が数多く開かれている。以上のような様々の課題と活動が運動の発展とともに直面するのである。

なお、この前進する運動の流れとは別に、労働者の生命・健康を守る運動に消極的であったり、あるいは、被災者・患者・遺族の認定・補償の運動や活動的労働者の健康を守る運動を阻害する潮流がある。この右翼的潮流は、「合理化」に協力する「労働組合」によって作られている。独占資本はこの「労働組合」を抱き込み、いっそう激しい搾取と支配を強行している。その表れが健康破壊、過労死、自殺、在職中死亡、精神疾患を多発させているのであることは指摘するにとどめておく。

（２）労働組合の役割と課題

１９６０年代中頃までの労災・職業病運動をみるとき、被災者・患者を支え、ねばり強く運動をつくりあげ勝利をつみかさねてきた職場の活動家の「労災認定闘争」がある。この闘争を基礎にしながら、労働者の自主的な組織がうまれてきた。それは職場や地域の「患者会」、認定や労災裁判を「支援する会」、労使協調の幹部が支配する労働組合のなかで、患者と活動的労働者がつくっている「健康を守る会」そして、１９９１年に発足した「過労死家族の会」。それに、先進的な労働組合の単産、単組、そして、これら諸組織が、多かれ少なかれ加盟している各地の職対連がある。以上が今日までの、わが国における労災・職業病、生命と健康を守る運動の担い手である。

したがって、今後のわが国における労働者の生命、健康を守る運動の基軸として、労働組合が大きく前進しなければならないことはいうまでもないが、それは、これらの自主的な諸組織の血のにじむような努力と、それぞれの組織の性格や果してきた役割を正しく評価し、位置づけ、有機的な関係を保ちながら、全体として運動を大きく前進させて行くべきでないか。

以上の方向性のうえに労働組合の当面の実践的課題をみてみよう。[注1]

第一は、なによりも、職場労働者の状態把握である。とくに労働と生活と健康の視点で、労働条件、作業環境、労務管理、権利の状況と健康状態の日常的な点検・調査活動である。また、安全ミーティング、健康懇談会などを実情に即して、短時間でも行うこと。

第二は、ひとりの悩みや苦しみ、ケガや病気も見逃がさないこと。労働組合は全体にかかわる課題に取り組むが、個別問題には取り組みにくいという考えをもつ幹部がいる。これは、健康問題に関しては二重の意味で間違っている。一つは、職業病や不健康は、労働条件（長時間過密労働など）によるものであり、たまたまある人が発病したとしても、同じ労働条件がつづけば、第二、第三の病人が出る可能性があること。もう一つは、悩み苦しんでいる人は一人であっても、それを解決できるのはひとりでは不可能であり、全体の力でしか解決できないのである。そこに労働組合の組織機能、いわば労働組合の「いのち」がある（過労死した平岡悟さんの息子さんが「労働組合が死んでいた」といわれたことを思い出す）。

第三に、労働組合の役割という場合、労働組合の各レベルごとの役割を明確にすることが大切である。ナショナルセンター、ローカルセンター、単産、単組、職場など、それぞれの活動の役割は違う。

単組活動の基本は、健康を守る闘いを反「合理化」闘争の基底にすえて、安全で健康・快適な職場確保の具体的な方針をもった取組みを組織すること。とくに職場の労働条件、作業環境や労務管理の点検そして、ケガや病気だけでなく、疲労や体力、気力の低下状態の把握が肝心で、また、職場の悩み苦しみを組織すること。

単産は、各単組の運動水準の向上のため、職場交流や学習の組織化、また、有害物、有害エネルギーの防止対策、新技術による労働負担の対策、それらの管理基準の改善・新設、補償・予防協定のレベルアップの促進、法規、行政の問題点の整理と改善要求などを行うこと。

ローカルセンターは、加盟組合だけでなく、地域全体の労働者（パート、アルバイト、派遣の区別なく）の健康を守る運動の組織化と、とくに法制度の改善や対行政活動を職場の実態に即して具体的に問題提起すること。また、専門家や研究者を組織し、学習、相談、調査、宣伝などの活動を積極的に進めること。そのために「安全・健康センター」の設置が必要である。

ナショナルセンターは、以上の各レベルの運動を統括し、援助し、財界、政府、国会への具体的な要求運動を組織すること、などが必要と思われる。

なお、１９９1年8月15日、山田信也、渡辺眞也、細川汀三氏の呼びかけで「働く人々の健康を守る国民的な運動を育てるためのシンポジウム」が東京で開催され１３０名が参加したが、労働者の生命と健康を守るための「センター」をつくって行く方向で意志統一された。このような中央でのセンターとともに各地でも実情に即して、地域センターが必要である。

最後に、生命と健康を守る運動は一つ一つの職場改善の積み重ねが大事な運動であることを強調したい。たしかに、一つの改善を勝ち取ったからといって、すぐ成果が目に見えるものではない。それは賃上げ闘争のように、すぐ目に見えるものではない。しかし、「もし去年、労働組合に安全衛生対策部を作っておれば、この災害は起こらなかったであろう」「もし、10年前にこの健診項目を入れておけば、彼は死ななくてよかっただろう」という経験報告は少なくない。生命と健康を守る問題は待つことの出来ない問題なのである。

（注１）第24回労災職業病一泊学校の「基調報告」を参照した。

第２章　予防と補償を結合した運動を

予防すなわち労働条件改善や安全衛生の取り組みが弱いと職場にケガや病気が増加し、しかもそのケガや病気が重症化し在職死も増える。それだけではない。補償・認定闘争が困難になる。というのは予防活動が弱いとケガや病気が企業の安全衛生管理体制の不備や労働条件の劣悪化によって引き起こされたという認識が発展せず、労働者本人の不注意や体質、生活態度が原因で、個人に責任があるという企業の宣伝が浸透し、労働者自身もそのように思い込まされてしまうからである。

補償は予防を前提に、予防は補償を前提に取り組むことが必要である。したがって、補償闘争から出発しても予防闘争と結び付けることがなければ、たとえ補償を勝ち取ることができたとしてもそれだけに終わりがちである。

今日、過労死の多発に表れているように多くの産業・職場でいのちと健康が脅かされているが、泣き寝入りせざるを得ない事情等いろいろな理由によって取り組めなかった多くの被災者の中から、まだまだ数は少ないが、いのちの権利を主張し被災者・遺族の救済に取り組み、認定・補償、損害賠償訴訟がねばり強くたたかわれている。そのたたかいの中で補償闘争をそれだけに終わらさず、予防のたたかいに結合してたたかわれた取り組みの前進も少なくない。『労働と健康』誌からひろってみよう。

(1) 補償闘争から出発して安全闘争へ

①大阪府障教の裁判闘争と安全衛生委員会作りのたたかいの結合

1995年6月大阪府障教の向井先生の腰痛裁判が勝利判決を勝ち取ったが、支援する会の総括文章の中に裁判闘争で大切なこととして9つのことをあげている。その中に、裁判の勝ち負けだけにこだわらず第二の向井先生を出さないためには労働安全衛生法を職場に導入し、根付かせることだという認識のもとに、府障教の組織をあげて安全衛生委員会作りに取り組んだとある。注1

また、茨城県高教組の裁判闘争と安全衛生法導入のたたかいがある。大林公務災害（過労死）は3年9ヵ月かかって1995年2月茨城県基金支部審査会で認定された。茨城県高教組委員長は次のように述べている。「認定は勝ち取ったが大林先生は帰って来ない。もし学校を産業医＝健康管理医が巡回し、労働安全衛生体制があったなら大林先生は亡くならずにすんだのだ」という思いは、多くの教職員の心に残った。その気持ちを何かのかたちで残せないかと、茨城県高教組は、1995年の1年間、労働安全衛生法を県立学校に導入することで必死で奮闘した。特に23年間も学校に労働安全衛生法を導入してこなかった県教育長に対しては「労働安全衛生法違反、50万円以下の罰金」であることを検察当局に告発する構えで取り組んだ。県教育委員会はその構えに驚き、交渉でまともな回答をするようになり、その結果、1995年4月から、県立学校129校に労働安全衛生法が導入されることになった。大林先生の無念は労働安全衛生体制を実効あるものにすることで、生き続けることになった。

1995年の定期大会までの2ヵ月間、129校全校を執行部三役中心に訪問し、校長に会い「労働安全衛生責任者になった校長は責任重大になった。これから具合が悪くなった教職員が出たら校長の責任である。年休・特別休暇取得に制限を加えたりできなくなった。絶えず快適な職場づくりに努めなければならない」と迫り、どの校長も「承知している」と答えた。その帰りに職員室に行き大林先生の勝利支援のお礼と労働安全衛生法が入ったことで職場がどうかわるのか教職員の発想の転換を訴え、大きな反響を呼んだ。注2

②福祉職場の労災認定闘争

兵庫県職員大藤さんの労災闘争は認定申請から最高裁の上告棄却までの18年間にわたってたたかわれた。支援する会のねばり強い運動で支援の輪がしだいに広がり、当初なかなか理解されなかった兵庫県職阪神支部も本格的に取り組みだし、広く支援を訴える運動の中で〝企業内組合の運動〟から地域の仲間、民間労働者との連帯を深めた。

その中で労災裁判を職場改善と結合したたたかいによって、訴えた争点は次々改善され「健康で働き続ける＝（健康権）」ことが多くの労働者の願いになった。１９９１年、最高裁で敗訴したが兵庫県職阪神支部・大藤労災裁判を支援する会はこの改善を実質的には勝利したたたかいになったと総括している。

大藤さんの頸肩腕障害発症当時の労働条件と裁判の過程で改善させた成果は以下のようであった。直接相談に携わる職員は11名から18名に増加。担当地域は１００㎞離れた遠隔地も本所の所管であったものが、多紀郡、氷上郡の遠隔地に分室を作った。巡回相談は1回あたり多いとき15～16件もあったが、1回あたりの件数も半分になった。事務室の照明は昼間でも暗かったが、蛍光灯の本数が1・5倍になった。複写業務は5～6枚の上にカーボン紙をはさんでの複写であったが、ゼロックス（コピー機）を自由に使えるようになった。公用車の使用は所長業務優先で一般職員はなかなか使えなかったのが、児童移送や家庭訪問に使えるようになった。冷暖房は面接室に扇風機もストーブも不足していたが、冷暖房がつくようになった。消耗品は鉛筆1本、カルテの綴じ紐もチェックを受け、気兼ねをしてもらわねばならなかったが必要

に応じて自由に取り出して使えるようになった。[注3]

（2）予防と補償の統一の必然性

①職場とはなにか

企業にとっての職場は利潤増大のための搾取と支配の現場である。労働者にとって職場は賃金を得るために、時間ぎめで労働力を売り（労働力の使用権を売り）使用者の指揮・命令・監督のもとで労働する場である。この場合、企業は労働条件を巧みに切り下げ、利潤増加に結びつかない安全衛生や福利厚生などの施設・サービスへの投資はどこまでも節約する。賃金、労働時間、安全衛生など労働条件は、労働基準法や労働安全衛生法等により最低基準と労使対等による決定の原則が決められているし、労働者・労働組合の主体性はもちろん残されているとはいえ企業意志が規定的である。

企業は職場を最大限に効率よく利潤を増大できるような構造にたえず変えようとする。かくして現代「合理化」による利潤増大の構造すなわち体系的に搾取と支配を強化しようとする構造が労働者の健康を脅かす構造になっている。これが今日の職場状況の特徴である（「合理化」は公務職場では「行革大綱によって、できるだけ安上がりで、サービス低下」、学校職場では「多忙化と管理強化によって安上がりで政府・財界の期待する人づくり」政策として現れている）。

そこで労働者・労働組合はたえず労働条件改善と対峙し、企業に対し安全衛生の十分な対策を講じさせなければならない。

いうまでもなく労働基準法では労働条件は「人たるに値する生活を営むものでなければならない」とし、労働安全衛生法では企業は「法の最低基準を守るだけでなく、快適な職場環境の実現と、労働条件の改善を通じて職場における労働者の安全と健康を確保するようにしなければならない」とうたっている。

②事業主の安全配慮義務

１９６０年代は年々労災・職業病が増加し、１９６８年～１９６９年には労災保険の年間新規受給者数が１７１万人以上も増加した（労災保険適用者は２３００万人）。

その中で労働者・労働組合は「労災・職業病絶滅」などのスローガンをかかげ労災・職業病闘争が前進しだした。

この運動の補償獲得闘争は法定補償だけでなく法定外補償（企業内補償）を要求し成果をあげた。そして労働者・労働組合は「われわれは労働力は売っているが命までは売っていない」ことを確認し主張した。さらに１９６８年総評弁護団の「いまこそ労災裁判を」との呼びかけで労災裁判も増えた。その中で労働契約をむすび労働者は労働するが、労働者は生命までは売っていない。使用者には労働者の生命、健康を安全に保護する義務が契約上の債務としてあるという考えが出され、主張された（安全保護義務）。この主張が下級審の判例で認められていく中で１９７５年2月15日、最高裁判所が出した判決で労働契約上の義務として安全配慮義務は確立した。

(3) まとめ

企業の安全衛生の責務は同時に補償の責務である。しかし企業は補償を安全衛生からどこまでも切り離そうとする。そのために、起こったケガや病気を個人的かつ特例的な問題であると宣伝し、労働条件・作業環境あるいは労務管理に矛先が向かないようにしようとするのである。したがって補償対策を樹立させるためには予防対策を、予防対策を樹立させるためには補償対策を結び付けて講じさせる取り組みが必要である。その意味で予防と補償は車の両輪としての取り組みがなければならない必然性がある。

そしてその必然性を実現させるためには日常的な職場点検とそれにもとづく要求運動が欠かせない。すなわち点検によって労働条件・作業環境や労務管理の中に潜んでいるケガや病気を発生させる要因を指摘し、企業の安全配慮義務違反を顕在化させることができるのである。[注4]

（注１）特集「公務災害認定闘争の現状」大阪労災職業病対策連絡会『労働と健康』第131号　１９９５年9月
（注２）石川旭「茨城県立学校への労働安全法導入の取り組みと到達点」大阪労災職業病対策連絡会『労働と健康』第133号　１９９６年1月
（注３）「闘ってこそ人間」１９９1年6月ビラ
（注４）安全配慮義務を判例でかちとるまでの経緯とその重要性については岡村親宣「安全衛生・労災補償・損害賠償の権利をどう活用するか」『労働と医学』No.50に学ぶところが多い。

第３章　いのちと健康を守る課題の位置づけ

ケガや病気の予防と補償の運動を日常的に継続してとりくんでいる労働者・労働組合は別として、多くの職場では災害や病気が発生してから後に補償獲得の運動が起こりがちである。後者の場合には認定・補償闘争が有効にたたかわれ、さらに予防闘争に連動し、予防と補償が統一的にとりくまなければならない必然性については前章で述べた。

労働者・労働組合のいのちと健康を守る運動の当面の目標は、事業者に対して予防と補償の充分な対策をたてさせ、国に対しては安全で健康で快適な労働基準・労働条件の設定と事業者に対する厳しい監督および正当な認定制度と充分な労災補償制度を確立させることである。

このような目標実現のためには、運動のいっそうの科学化と組織的・持続的発展が要求される。そのためには、労働者・労働組合のいのちと健康を守る課題が労働運動、労働組合運動のなかに、どのように位置づけられねばならないか。また、この課題の性格はいかなるものであるかを明らかにすることが大切である。それがこの論稿の目的である。

(1) 労働者のケガと病気

労働者のケガや病気、健康障害は企業の「合理化」の直接的で、かつ具体的な結果である。このことは、いままでの補償獲得のための認定申請のときに被災者・遺族が提出する自己意見書や労災裁判のなかで原因と責任の所在が明白になることによって、また多くの「健康調査」や労働衛生研究によってもあきらかである。これらのことは『労働と健康』誌の創刊号以来各号に掲載されている。

労働災害（公務災害）に対して私傷病という用語がある。これは業務と関係のない、本人の「責任」で発生したケガや病気、したがって補償の対象にならないという意味で使われている。わが国の労働行政の業務上災害、業務上疾病としての認定基準の多くは実態に合わない、きびしいものとして設け、それ以外のケガや病気を私傷病としている。また、企業は、ケガは「本人の不注意」、病気は「本人の体質、不摂生、気のせい」といい、私傷病として扱い、「労災かくし」をする傾向が長年にわたって根強く続いている。勇気ある労働者が告発しない限り、労災は隠されたままになっている。

しかし、現実には労働者の労働と生活をみると労働者の病気は職場での労働条件、作業環境やとくに企業の健康管理に関係のないものはない。それ自体としては職業性の要因をまったくもっていない、いろいろな病気でも、労働時間が長かったり、労働負担が重いことによって発症したり、増悪したりするものである。どんな病気でもその人が行なっている労働によって負荷・負担がかかって、その負担が限度をこえることによって、より悪くなる。

また仕事によって健診が受けられなかったり、治療に行けなかったりすれば（これは非常に多い）新たに発症したり、急に悪化することは当然のことで、これも企業の健康管理の責任になる。それどころか一般の病気、いわゆる私病と思われる病気のなかに職業病が数多く紛れ込んでいる。職業性の中毒、たとえばある鉛中毒患者は高血圧、腎障害、痛風として診断され長期にわたって私病として処理されてきた。また、別の鉛中毒患者は鉛による貧血と胃腸障害を、食事の不摂生や胃潰瘍によるものと診断されてきた例もある。じん肺の呼吸困難や動悸を成人病と診断された例、職業性ガンでベンジジンは18年～20年後、退職後にも発症するから私病扱いされることが少なくない。

大事なことは、職業病は労働者の運動によって職業病であることを明らかにして政府によって職業病にさせてきたことである。その意味では私傷病として扱われているもののなかに多数の労災・職業病が含まれているというよりは、労働者のケガや病気は労働と関係しているのである。注1

そこで労働者のいのちと健康を守るためには、「合理化」に反対することを基礎にして労働条件改善・安全衛生確保のとりくみを避けて通れないことは言うまでもない。注2

(2) いのちと健康を守る課題の位置づけ

労働者・労働組合のいのちと健康を守る運動のうえで最も基本的なことは、いのちと健康を守る課題の位置づけと方向性である。

従来、労働組合の定期大会の議案書や春闘や秋闘方針などの説明で、「今度は労働安全衛生を一つの柱として立てた」、あるいは「健康問題を課題として入れた」などと聞いたことがある。私は、そのことの積極性を尊重しているし、分かりやすい。しかし、一つの柱であったり一つの課題では物足りない。そもそも労働者のケガや病気は「合理化」の結果である。「合理化」とは高利潤獲得のための搾取と支配の体系的方法である。今日では、雇用削減とパート、派遣労働者、有期契約など不安定就労者の増加、能力主義的ないしは成果主義的賃金制度と裁量労働制や変形労働時間制のもとでの長時間過密労働、能力主義的競争制度の徹底化と個別管理の強化、作業環境の人工化・無機質化が進んでいる。そして、これら労働条件・作業環境の変化（劣悪化）および管理強化を受容させるために絶えず労働者・労働組合の権利の抑圧をくりかえしている。そして今、財界の「21世紀の日本的経営」はこの状況をさらに推進するものとして唱導されている。

これらの諸施策は労働者の心身の健康と生活に影響を及ぼさざるをえない。ケガや病気、精神疾患、過労死、自殺だけでなく不健康状態の広がりは、まさに「合理化」の結果である。ここから、いのちと健康を守る課題の位置づけは自ずと明らかである。すなわち、健康を守る課題は「合理化」に反対する立場に立たざるを得ないし、「合理化」反対闘争の基底に位置付けられなければならない。

(3) いのちと健康を守る課題は扇の要

「合理化」反対闘争の基底に位置づけられなければならないところの、いのちと健康を守る課題は普遍的課題である。普遍的課題とはどの課題にも共通する課題のことである。いい換えれば、諸課題の扇の要（かなめ）になる課題である。要がなければ諸課題はばらばらになるという意味である。賃金、労働時間、作業環境、自由と民主主義、労災補償などの運動はすべていのちと健康を守る運動に結び付つかざるを得ない。位置づけがはっきりすれば、いのちと健康を守る方向性は自ら明確になる。それは、「人たるに値する労働」を取り戻すことである。

ところで、いのちと健康を守る課題は普遍的課題であるだけでなく、独自課題としてもとりくまなければならない。それが労働安全衛生活動・補償獲得運動になる。賃金、労働時間など先に上げた諸課題も同じでそれぞれが独自の課題である。普遍的課題として同時に独自課題としてバランスよく取り組むことがなければ、具体的成果（例えば認定・補償獲得）があっても一時的なものとして終わってしまう。

先述したように「合理化」に対抗してとりくむ健康を守る運動は反「合理化」闘争として体系的・持続的な運動としてとりくむことが求められる。そのため、とりくみは必然的に組織的でなければならない。その組織は労働組合であり、組合がないか、あってもたたかわない労働組合のもとでは、「健康を守る会」「被災者の会」などが有効であることはいままでの運動が明らかにしている。組織的でなければ一時的で部分的な成果を勝ち取ることができても、持続的で広がりのある運動の前進は望めないのである。

（注１）田尻俊一郎「労働者にとって『私病とは』」大阪労災職業病対策連絡会『労働と

健康』第62号　1984年4月

（注2）この点の論述は、拙稿「予防と補償の統一的取り組み」大阪労災職業病対策連絡会『労働と健康』141号　1997年5月（本書第3部第2章に掲載）

第4部

労働者・労働組合の職場における安全衛生活動

はじめに

労働者のケガや病気や不健康には予防が大切であることはいうまでもない。しかし、いま、予防活動が弱いことから、次のような二つの特徴的なことが起こっている。

第一は、ケガや病気が多発しているだけでなく、非常に重症化し在職死、過労死、精神疾患、自殺が増え、また家族の受ける生活上の障害も深刻かつ長期化している。

第二に、予防活動が弱いということは、いのちと健康に有害な諸条件に対する改善要求が弱いということであり、ケガや病気の原因が労働条件、作業環境の欠陥や企業の安全衛生責任体制の不十分さにあることが見えにくい。そこでケガや病気の原因が労働者個人の不注意や不摂生、生活態度にあるようにみえる。企業はそれにつけ込んで企業責任を逃れようとする。そのことが、被災者・遺族の補償獲得を非常に困難にしていることが多い。

この章では、労働者・労働組合の予防活動前進のため、とくに職場における安全衛生活動について述べる。そのために、健康のとらえ方、今日の職場状況の見方、そして職場の安全衛生活動といのちと健康を守る課題の位置づけと方向性、当面の課題について述べたい。

第1章　労働者の健康をどのようにとらえるか

(1) 労働と生活と健康

労働者の健康（こころと体の健康）は、労働と生活との関連でとらえなければならない。その場合、労働の場と生活の場は労働力（労働能力、作業能力で肉体的・精神的・社会的能力の総体）をめぐって、基本的に異なる役割を果たしている。労働は労働能力の消費（消耗）であるから、職場は労働力を使用する場である。それに対し生活の場は、消費した労働力を休養、睡眠、栄養、余暇（文化、スポーツ、趣味、娯楽、レクリエーションなど）によって再生産（回復）する場である。そこで、職場における労働力の消費が、生理的・心理的・社会的に正常な範囲をこえて過度に消耗させられると、その再生産が困難になる。また、生活条件が正常でないと消耗した労働力の再生産が充分にできなくなる。

また、今日の職場の特徴である長時間・過密労働は労働力を過度に消耗しているが、それだけでなく、休息、睡眠時間を短縮することによって、疲労を回復させず労働力の再生産に大きな障害をもたらしている。今日では低賃金、重税、生活環境の悪化、社会保障、社会福祉や教育、医療分野の貧困による生活障害が労働力の再生産を妨げ、労働者の健康障害を深刻な状態にしている。ちなみに今日では、通勤の長時間化と乗り物の混雑による負担もいれて考えなければならないことは言うまでもない。

(2) 健康を守る立場から職場をみる

企業にとっては職場（公務員や病院なども）は利潤増大（公務職場はできるだけ安上がりで、結果的にはサービス切り捨て行政になりがち）の場である。したがって、企業は職場を、最大限に効率よく、利潤を増大できるような構造に、たえず変えようとする。

現代「合理化」による利潤増大の構造すなわち体系的に搾取と支配を強化しようとする構造が労働者の健康を脅かす構造になっているのが今日の職場状況である。

①労働態様。これは労働内容あるいは労働の仕方で、近年は機械化・技術化・コンピューター化のもとで、労働の疎外化現象すなわち単純、単調で、ときには複数工程を持たされ（多能工化）ての高速な繰り返し、逆に仕事を複雑化して、余裕なく追い回される。ここでは過密労働による感覚器や運動器の過度の使用が問題となる。

また、人間労働にふさわしく、丁寧に、親切に、誇りをもって仕事ができないとか、リストラによって長年働いてきた仕事がなくなったり、極端に違う作業にむりに変更されることなどによる大きなストレスにも目を向ける必要がある。

②労働条件。長時間・過密労働、不規則勤務、深夜交替制、休憩・休日・休暇が取れないなど、また賃金のいっそうの職務・職能給、能率給化、年俸制の普及などが問題である。現行法制度では過密労働の規制はないが、いくつかの作業（キーパンチ、チェーンソー、ＶＤＴなど）にたいし、一連続作業時間の規制の通達があり、それをよりどころに取り組むことも大切である。

③作業環境。有害危険な作業や環境、エアコン、照明、低い騒音など人工的環境による心身への影響が問題である。快適職場環境の実現が課題。

④労務管理・福利厚生。能力主義管理の徹底、とくに人事考課による差別的昇進・昇給制度や小集団管理による競争の組織化、出向・配転・応援・希望退職、単身赴任の「強制」、高齢者・女性・障害者・病人への差別、そして福利厚生による組織の「活性化」が問題である。このような管理方式により労働者は長時間・過密労働を「自主的・自発的」に遂行しているような状況がつくられている。他方で、能力主義競争は労働者を分断し、人間不信、ごまかしなど非人間的こころをはびこらし人間を

孤独にする役割を果たしている。

人事・労務管理に対しては健康を守る立場から、もっと目を向ける必要がある。例えば、過労死の原因が長時間・過密労働であるという場合、そのことは事実であるが、その労働者をして長時間・過密労働に追いやった人事・労務管理こそ背景にある原因として追求しなければならないのではないか。そもそも労務管理とは、可能ならば労働組合を作らせない方がよいが、労働者が作るなら、その存在を認めたうえで、その労働組合が企業に抵抗しないように、さらには企業に協力させるように働きかけ、そのうえでいっそう業務効率を高めるための労働者対策である。

どの職場でも行われている能力主義管理は、労働者を能力、すなわち職務遂行能力としてとらえ、能力競争をあおる。その舞台装置として激しい昇進、昇給制度をつくり人事考課で差別と選別、分断と切り捨てをおこなうものである。この競争のなかで、労働者に対し、落ちこぼれたくないなら、長時間・過密労働にも我慢して耐えなければならないという気持ちを起こさせようとする。さらに、小集団管理（例えば、ＺＤ、ＱＣ、ＴＱＣ）が用意される。今日の労働は、本来の人間労働に不可欠の目的意識的活動が奪われている。つまり、企業（公務、病院、学校すべて）で全体の計画は一握りの使用者が行い、圧倒的多数の労働者は、その計画に従わせられている。しかも、柔順に、自発的に従わせようとしている。したがって、その労働は、単純・単調・繰り返し、あるいは、複雑、多能、そして無内容であり、そのうえ責任が重くミスが許されない、肉体的にも精神的にも拘束されている。自由にトイレに行けない、汗を拭く間もない、普通に呼吸ができない、大勢で仕事をしているのに、一人ひとりが機械に向き合っていて孤独などである。

教育、医療、福祉などでは余裕があれば親切・丁寧、そして相手に喜ばれ、希望と勇気をもたせられるのに、そうでないから心身ともに過労状態になり、自分の仕事に誇りをなくしてしまう（燃え尽き症候群）。このようにして、長時間と過密と労働の無内容化が、労働への意欲を喪失させている。これらが今日の労働疎外現象である。

そこで、企業は労働者を小集団に分け、それぞれのチームに目標を、さらにはチームの個人に目標を立てさせる。企業目標とチーム目標と個人目標を「自発的に」合致させるまで面接指導するようなことを行う。このようにして自主的・自発的に仕事をしているように思わせようとする。提案制度で参加意識をもたせようとしたり、成績の良いものを表彰するなど人間心理を巧みにつく。これらは、人間労働に不可欠な目的意識的活動を擬制的に現場でつくり出そうとするものである。その結果、業務効率は高まるが、その分労働強化になっている。健康を守る運動の視野にこの点を捕らえておくことが大事である。安全衛生委員会でもとりあげる課題ではないだろうか。

⑤労働者・労働組合の権利。ここでは、疲れ・ストレス・不安・悩みなどを隠して働くのでなく、訴える自由があるか、要求運動をする権利があるかどうかという視点が問題である。

以上の5つの視点から、職場を見ることが当面必要である。

第2章　労働者・労働組合の安全衛生活動

安全衛生活動は、先述した5つの視点で職場をみることをふまえて取り組むことが肝要である。そのとりくみは、大きく二つに分けられる。一つは事業者に安全衛生管理（責任）体制を確立させることと、もう一つは、労働者・労働組合が自ら職場点検活動にとりくむことである。

(1) 事業者に安全衛生管理体制を確立させること

労働基準法は、労働条件の原則を、労働者の人たるに値する生活を営むための必要を充たすべきものでなければならない（第1条第1項）とし、その労働条件は、労使が対等の立場で決定すること（第2条第1項）としている。また、労働安全衛生法は、事業者にたいし、この法律で定める労働災害防止のための、①最低基準を守るだけでなく、②快適な職場環境の実現と、③労働条件の改善を通して、職場の安全と健康を確保する責務を課している（第1条）。したがって、事業者に安全衛生管理体制を確立させ、それが、適切に活動しているかどうかを点検しなければならない。

①総括安全衛生管理者は事業経営の責任者がなっているか。そして自覚的に活動し

ているか。

②安全管理者は他の業務を兼ねてよいことになっているが、片手間のしごとになっていないか。

③衛生管理者は少なくとも週1回の職場巡視をしているか。巡回してきたら労働者は質問や要求をだしているか。

④産業医は労働衛生の知識をもっているか。少なくとも月1回の職場巡視をしているか。労働者は産業医に職場の快適でないことや危険有害な点を指摘しているか。

⑤安全衛生委員会は法では「事業者に対し意見を述べる」ことになっている。そして50人以上の事業場で設置が義務づけられていて、50人以下は安全衛生推進員をおくことになっている。しかし当然のことだが安全衛生委員会を設置してもよい。安全衛生委員会は月1回以上開かなければならない。安全衛生委員会を企業の説明に終わらさないで、いきいきと活動させるためには労働者側委員が方針や要求をもって参加することである。もちろん、安全衛生の問題は労働組合がいつでもとりあげ団体交渉する権利をもっている。

（2）職場点検活動の意義

安全と健康を守る運動は点検に始まり点検に終わるといっても過言ではない。今日、職場の健康破壊の要因や条件は複雑化しているが、職場の危険や不健康を一番よく知っているのは労働者である。少しでも気になるところがあれば直ちに責任者に連絡し、改善や調査を要求するべきである。職場点検は、法規に照らして行う点検ばかりでなく、法規がなくても、「人たるに値するかどうか」を基準にして点検すればよい。

①労働者にとって一番大切な法律は労働基準法と労働安全衛生法である。たしかに、国際的な基準や現実の労働実態からみれば、まだまだ水準は低いが、これらの法規一つひとつは何千人もの労働者の犠牲のうえに作られたもの、勝ち取られたものである。積極的に活用し、さらにレベルの高いものにし、権利を拡大する必要がある。

②法規は最低基準であり職場には、法規にかからない危険や不衛生箇所が沢山あ

る。したがって、法規がなくても労働者の心身を通して人間らしい労働・職場かどうかを点検することが必要である。

この点、国際的にみても１９７０年代後半からのイギリスにおいて、また１９８０年代のＩＬＯにおいて、安全衛生活動についての考え方として、国の作った基準を守るのが使用者の責任だという考え方から、基準があろうとなかろうと使用者は、労働者に対して安全で健康な職場を保障し、配慮する責任が有るということ。また、労使が安全性について協力する義務があるが、労働者の権利が確実に保証されていることが必要であるとなっている[注1]。

また、「快適職場環境の指針[注2]」（１９９２年7月通達）も大いに活用すればよいことはいうまでもない。

災害が発生すると企業は「まさか起こるとは思わなかった」「現場から指摘がなかった」という。安全衛生活動で怖いのは「これくらいは大丈夫」という「慣れ」である。また改善要求をしても「金が無いから」「そのうちにやるから」といって事業者がサボることを許すことである。なぜなら、災害が起り尊いいのちが奪われてからでは遅いのである。

(3) 点検活動の進め方

点検活動は安全衛生委員会はもちろんのこと、労働者・労働組合の独自の活動としても行うこと。計画的で効果的に、少なくとも週一回は定期的に実施すること。マニュアル、チェックリストは簡単なものでも是非作成すること。ただし、マニュアルの機械的点検にならないことが必要である。

点検では大雑把であるが当面以下のような点をみる必要がある。

(1) 労働条件・職場環境の点検。(2) 設備・機械の法規制が守られているかの点検。(3) 原材料・製品の危険・有害性の点検。(4) 環境測定の実施・方法・結果の点検。(5) 安全衛生管理の点検。

なお (5) 安全衛生管理の点検としてはつぎのような点が大事である。

①健康診断は適切な体制と内容のもとで行われ、結果は本人に知らされ、治療に結

びついているか。また、職場改善に連動しているか。

②作業の安全衛生が確認されているか。

③ケガ、病気の原因調査が正確に行われているか。「本人の不注意」に終わってないか。

④危険有害性が周知徹底されているか。安全衛生、健康保護に関する団交を行い、協約化しているか。

⑤快適職場環境の形成に努力しているか。

(4) 点検活動を基礎にした諸権利の確立

①有害・危険からの避難、拒否、作業中止の権利の確立、

②監督署への申告権の積極的行使、

③事業者の資料の公開、

④新工法、新物質の導入前の労使間協議と承認、
⑤医師選択の自由、
⑥専門家、研究者の援助と職場に入れる権利の獲得、
⑦地域などで行う安全衛生教育（学習）への参加と有給化、
⑧メンタルヘルスの学習と取り組みなど
を当面重要と考える。

（注１）小木和孝「安全衛生公報」（１９９４年4月1日）を参照した。
（注２）「快適職場環境の指針」とは、１９９２年に労働安全衛生法が改正され、快適職場づくりが事業者の努力義務とされ、同法第71条の3の規定により厚生労働大臣から公表された「事業者が講ずべき快適な職場環境の形成のための措置に関する指針」（快適職場指針）である。

第3章　いのちと健康を守る課題の位置づけと方向性

この章では安全衛生を含め職場を基礎にした労働者・労働組合のいのちと健康を守る課題の位置づけについて述べる。

先述（第1章、第2節）したように職場は企業にとっては利潤増大の場である。そのため、企業は労働条件を巧みに切り下げ、不変資本充用上の節約（利潤率を高めるために、生産手段のうち直接、利潤に結びつかない安全衛生、福利厚生などのための施設・サービスへの投資をどこまでも節約する。ただし、重点的な投資によって労働意欲向上の効果をねらう）を限りなく追求する。このようにして、職場は労働者に対しては搾取と支配の現場であり、企業は常に搾取条件の強化につとめる。

一方、労働者にとっては、職場は賃金を得るために、時間ぎめで労働力を売り、使用者の指揮、命令、監督のもとで労働する場である。したがって、労働者がいのちと健康を守るためには企業による搾取（条件）強化に対して、たえず労働条件改善に対峙しなければならない。なお、労働条件とは賃金、労動時間、安全衛生である。安全衛生が軽視されてはならない。

(1) いのちを守る運動は企業にとってはアキレス腱

労働条件と搾取条件はメダルの裏表の関係にあるから労働条件を改善することは、企業にとっては搾取条件を緩和することになり、企業は労働者の健康を守る労働条件改善運動には断固反対する。同時に、企業は、いのちと健康の破壊の責任追求もされたくない。なぜなら、いのちと健康を守ることは人間社会の普遍的真理で、労働条件改善を余儀なくされるからである。企業にとってそれはアキレス腱である。そこで、企業は労働者のケガや病気の原因は労働条件にあるのではなく本人の不注意や生活態度にあるのだということ、すなわちケガの不注意論、病気の不摂生論を日常的に周到に宣伝している。

それが、また俗耳に入りやすいことから、労働者・労働組合のなかに深く浸透している。とくに、健康問題を個人の問題と考える間違いは根深い。その結果、労働者・労働組合の中にケガや病気に対する誤った考え方が持ち込まれている。「ケガと弁当は手前もち」「ケガは本人の不注意」、ケガしたとき「痛い」というより「すみません」、「会社あっての労働者、補償なんか請求するのは会社にたてつくことだ」、「ケガや病気は個人の問題で、労働組合は組合員全体にかかわる問題を取り上げるのだ」、危険、有害作業は下請けに出して「解決した」。このような考え方は会社や政府によって日常的に作られている。

(2)「かなめ」となるいのちと健康を守る課題

いのちを守る課題は普遍的課題である。普遍的課題とはあらゆる課題に共通する課題であるということであり、したがって、いのちと健康を守る課題は諸課題、諸闘争の要《かなめ》として位置づけられなければならない。「かなめ」がなければ諸課題がばらばらになってしまう。これが、健康を守る課題の位置付けである。位置付けがはっきりすれば、方向性は自ずから明確になる。それは、人たるに値する労働を取り戻すことである。

ところで、今日の労働者の健康破壊は現代「合理化」（「合理化」とは体系的な搾取と支配の方法であり、そのような職場を「健康を守る立場」から5つの視点でみることは先述した）の結果である。したがって、健康を守る課題は「合理化」反対闘争の土台に、要として位置づけられなければならない。と同時に、それだけではなく、独自活動としても取り組まれなければならない。普遍的課題として同時に独自課題としてバランスよく取り組むことがなければ成果はあっても一時的なものとして終わってしまうだろう。したがって、安全衛生活動を取り組んでおれば「合理化」反対闘争をやらなくてもよい、というのは間違いだし、「合理化」反対・労働条件改善闘争をやっておれば安全衛生活動はやらなくてもよい、というのも間違いである。（すなわち健康を守る運動を「合理化」反対闘争に解消することも間違いである）。

第４章　安全衛生活動の権利確保と当面の課題

いのちと健康を守る運動を進めるうえで大事なことはなにか。

第１は、予防先行の活動スタイルを確立することである。

いのちと健康を守る運動は、企業や事業者に対し労災・職業病の予防と補償の充分な対策を実施させ、国に対しては安全で健康に働ける労働基準の樹立と、事業者に対する厳しい監督・指導および労災補償完全実施、さらに国の労災補償制度を充実させることを目指すことになる。このようにして予防と補償は切り離す事なく取り組まなければならないが、今日では予防の遅れが全体の運動を停滞させているのではないか。すなわち健康を守る運動の、とくに企業の予防責任を果たさせる日常的な運動の弱いことが、不幸にしてケガ、病気が発生したとき、ただちに補償責任を問う運動に連動しにくくしているのである。

第２に、労働組合のすべての単産・単組・支部に「いのちと健康を守る対策委員会」（専門部）を設置すること、労働組合がなければ、いのちと健康を守る仲間を組織すること（例えば健康を守る会）は運動を持続し体系化するために必要である。

第３に、病気や不健康の早期発見と認定・補償、そして職場復帰を促進すること。そのため、①悩み苦しみを自由に訴えられる職場を確保し、悩みを組織すること、②職場改善に役立つ健康調査、③労災申請の促進、認定基準の改善、公務員の認定機構の抜本的改善、④被災者・患者の組織化と位置づけ、⑤退職者の追跡調査を行うこと。

第４に、常に、個人個人の職場の悩み苦しみに基礎をおいた取り組みを進めること。パートなど無権利な非正規労働者を放置しないこと。

第５に、事実と実態に基づき、要求を諦めずに取り組み小さくても運動と成果を積み重ねること。

第６に、身近なことから取り組み、積み重ねながら戦略・戦術を策定すること。一方では長期的計画、他方ではケガ・病気の緊急対策が必要である。

第7に、学習と交流は積極的に取り組むこと。

職場の「合理化」の態様や性格、労使の力関係、主体の力量、運動の歴史や蓄積、当面の課題、地域活動の諸条件などは多様であることは当然である。とはいえ、多くの労働者のいのちと健康の破壊が「合理化」の結果であり、被災者・患者・遺族の悩みや苦しみの共通性は、その予防と補償の取り組みの上にも共通性があることを必然的なものにする。このことは学習と交流のなかでこそ理解でき団結の展望を共有することができるのである。

そのような学習と交流、相談の場として地域の健康安全センターや職対連がある。これらの組織を大いに活用されることを切望する。

【参考文献】

大阪労災職業病対策連絡会『労働と健康』第134号　１９９６年3月
細川汀、垰田和史『教職員のための労働安全衛生入門』文理閣　１９９５年10月

第5部

労働者の「こころの健康」を守る運動

はじめに

Ａさん（42歳、男）は、製造現場の技能職だったが、１９７１年工場閉鎖によって、いやな職場に強制的に配転させられた。その職場で1週間勤務した後、再度配転した。新しい職場はもともとの仕事とは全く異なる、主として屋外の不なれな仕事であった。そのこともあって同僚や上司との関係がうまくいかず、躁うつ状態になり休業した。長い休業の後、復職したときは、休業前にいた建物がこわされていて、Ａさんの机などが物置きにつめこまれていた。はじめて出勤したその日、Ａさんは自分の取扱っていた薬品で服毒自殺をした。家族は、医師の指示で包丁も本人の目のとどくところに置かなかったのにといっている。会社は本人が1人作業を希望したので緑化作業をさせたといっている。また、自殺した当日昼食をとっていないが、誰もさそっていなかったようである。

Cさん（28歳、女、高卒）は電話交換作業で客との応待で神経を使い、職制の監視がきびしく隣席の同僚と必要な会話も許されず、しかも、仕事の密度が高く、心身ともに拘束性の強い頸肩腕障害の多発している職場である。親から結婚相手をおしつけられたのがきっかけで、神経症になり、会社の病院で治療していたが、薬の副作用でムーン症状（顔がまんまるくなる）が出て、睡魔とたたかいながら仕事をつづけていた。休憩時間はたまにグループでお茶をのむことはあっても、ほとんどひとりぼっちでいた。そのうち、営業部門へ訓練のため出向したが、帰ってくると、職場は一層監視体制がきびしくなっていて、このころから同僚とは、まったく話さず、おちこんでいった。今春、年休をとり、その後も無断欠勤していたので課長が家族に会いに行ったが、家には本人がいず、行方がわからなかった。しばらくして、北海道の警察から家族と会社に対して、保護していると連絡があった。家族と課長が迎えに行ったが、その後、本人の希望で退職させたと課長はいっている。組合は頸肩腕障害に対しては、それが多発したことと、また、患者達の強い業務上認定および職場改善要求もあって、一定程度取りくんでいるが、その他の職業病については、「職業起因性が医学的に解明されていない」といって、取りくまず、常に「会社にまかせてある」といっている。この事例の場合も「会社まかせ」にしていた。

いわゆる疲労性の職業病、頸肩腕障害や腰痛などで、長年のあいだ治療、業務上認定・補償、職場復帰、職場改善のために悩み苦しみながら取組んできた患者・労働者が多数いる。このような労働者達は職場の仲間の病気やケガだけでなく、不健康に対しても敏感であり、相談にのり、健康回復のために協力・援助をおしまない。彼女(彼)らは数年前から職場の精神衛生について徐々に関心をたかめてきた。それは、どの産業・職場においても、精神病者あるいは精神的に不健康・不安定な労働者がいること、そのような労働者は、ある日突然出勤しなくなったと思っていたら、いつの間にか退職していたり、入院して長期休職している。なかには自殺した人もいる。また、出勤はしているが、まともに仕事ができなかったり、仕事を与えられなかったりする。また、友達づき合いができなかったり、同僚から声をかけてもらえず孤独で気の毒な状態の人もいる。なかには、同僚に非常識ないやがらせをしたりするので仕事上、人間関係上困ることもある。このような職場の精神的不健康に対して、安全と健康に関心の高い労働者達は見のがすことのできないこととして、問題にしはじめ、とくに精神的不健康者の健康回復のためにどう対応すべきか、また、家庭にどう働きかけるべきかについて学習・交流が始まっている。冒頭の事例はその交流の場での多数の事例報告のうちのものである。

職場における精神障害あるいは心の不健康は高度経済成長期から低成長期、わけても、減量経営、ME機器を技術的手段とする今日の合理化に至るまで一貫して増加してきた。1983年6月、日本生産性本部メンタルヘルス研究委員会は300社を対象にした調査結果を報告し、サラリーマン100人中10人はうつ病、94％は心身症などの報告をしている。厚生省も人口動態統計結果からの分析として1982年の動態として自殺の増加とくに40歳代（3028人で10年間に1・96倍）50歳代（2421人で同じく1・09倍）の〝働きざかり〟男性の激増ぶりを伝えている。また、労働省も5人に1人が健康不安を訴え、男性では72・8％が神経疲労、64・7％が身体疲労を、女性では65・5％が神経疲労、64・5％が身体疲労を訴え、いずれも神経疲労が身体疲労を上まわっていること、また、職業生活の上で強い不安、悩み、ストレスについて、全体の50・6％の労働者が「ある」と答え、その内容は「職場の人間関係の問題」が第1位になっていることを報告している（民間事業所から1万事業所、労働者約2万人の抽出調査、1982年）。[注1]

また、元電電公社の「昭和58年職員の健康状況」[注2]をみても療養者の疾患別で精神疾患が上位になっている。とくに20歳代、30歳代では第1位になっている。

このような職場状況を反映して新聞、週刊誌も、労働者・サラリーマンの〝心の病〟を盛んに話題にしている。企業側は1970年代後半ごろより、健康管理の一環として精神衛生管理を強化しているし、他方、日本労働者安全センターも雑誌『月刊いのち』1976年6月号に「労働の場における精神神経障害」（金子嗣郎）を掲載して以降、この問題をとりあげるようになった。ところで今までのところ（そして恐らくこれからも）企業の精神衛生管理は「早期発見、早期治療、早期解雇」の傾向が強い。20年間電機産業で産業精神衛生管理に従事してきた小西輝夫氏も、「企業の健康管理が人間管理の一翼を担ったり、産業精神衛生の実践が企業のポリシーに従属し、一種の企業防衛策として人事管理や労務管理のかくれみのになってしまったりするおそれがあることについては、当事者はつねに自戒する必要がある」[注3]と警告している。現実に企業の精神衛生管理は健康管理の一分野であり、健康管理は労務・人事管理の一環である。このしくみが労働者・労働組合の規制の弱いところで一方的に管理強化され、さらに能力主義管理が強められれば労働と生活の場をトータルにみて心とからだの健康をみず、おうおうにして家庭生活の問題のみを健康障害の原因とみたり、また、職場全体の精神衛生から切りはなして病人のみを問題にすることになる。なぜなら、能力主義管理は人間を能力、すなわち業務遂行能力としてしかみないからである。

１９７０年代に入って労働省を含め多くの労働組合が健康調査をはじめた。また、会社や労働組合が職場労働者の立場に立って安全と健康にとりくまない職場で、健康に関心の高い労働者が自主的に健康調査を行っている例も少なくない。これら健康調査のどの結果報告も、病人だけでなく、疲れやすい、肩がこる、腰がだるい、目がつかれる、胃腸の具合がわるい、眠りが浅い、いらいらする、もの忘れをする、などの健康状態の悪化した不健康な労働者が職場に70数％いることを報告している。また、前記労働省調査の結果にある神経疲労の訴えが身体疲労の訴えを上まわっていることも筆者自身の調査やその他調査結果に共通する最近の職場実態の特徴である。もともと心とからだの関係は分離したものでなく、[注4]その関係は構造的かつ有機的なものである。このような理解に立って心の病、心の不健康をうみだす今日の職場状況についてみてみたい。

(注1) 労働省「労働者の健康状況調査」『労働経済旬報』№1295、1985年参照
(注2) 「昭和58年職員の健康状況」『わたしたちの健康』日本電信電話公社厚生局、1984年8月
(注3) 小西輝夫『サラリーマンと心の健康』NHKブックス　1984年7月
(注4) 水野洋「働くものの精神衛生—こころの生理学—」『労働経済旬報』№1295、1985年

第1章　心の病気、不健康をつくり出す職場

今日、労働者、サラリーマンは、その多数が慢性疲労状態にあり、毎日毎日、ストレスがかかり、今日および将来にわたる様々な不安をかかえている。このような状態は多かれ少なかれ「企業間競争に生き残るため」「国際競争に勝ちぬくため」の企業のかかげる「錦の御旗」のもとで強行されている職場の合理化の具体的な結果であり、その意味で疲労、ストレス、不安は今日の職場が構造的かつ必然的につくり出しているものと考えられる。このような職場状況は、１９７４年、１９７５年の経済恐慌により高度経済成長が終わり、独占資本と国家による「減量経営」のもと、さらに１９７９年第２次オイルショックをきっかけにした世界的不況、貿易不振のもとでのいっそうの「減量経営」と賃金抑制と人員削減によって徹底された。そのことによって国内消費需要が停滞し、その上、不況のりきりのためのばらまき財政で、国家財政

の破綻は深刻化した。そのことは国家が経済過程に介入し景気回復をはかるという従来の政策がもはや力を失ったことであり、ここに国家独占資本のあらたな危機が現われた。そして１９８０年代の危機のりきり策として民間活力の導入が提唱された。それは、高成長破綻以降の危機のりきりのための減量経営をいっそう強め、一方、既存の重化学部門の過剰資本を廃棄し、他方でマイクロ・エレクトロニクス（ＭＥ）などの先端産業部門を急速に発展させている。そして、このような産業再編成と合わせて全産業にわたるＭＥ合理化の進展が今日の合理化である。

ところで、このような合理化はこの10年近くの間に職場でどのように具体的に進展しているか。

(1) 人間の生理の限界を超える過密労働

職場では常に人員削減か、そうでなければ作業量・作業種類（範囲）の拡大が行われてきた。それは、新しい機械・技術の導入、組織替えを伴う場合もあるし従来のままで行われる場合もある。いずれの場合も作業は細分化、単調化され、スピードアップが行われるところから、反生理的・過密労働化し、そのためにまた、肉体的・精神的に極めて拘束度の高いものになる。しかも1連続作業時間も1日の労働時間も長く、休憩時間は短い。これらはコンベア労働、パンチ作業、検査作業をはじめ機械操作、事務作業など多くの職場に今日共通している。某電機産業のコンベアによるテレビの基盤への配線挿入作業は、1975年においては1日の生産台数400台、1台当り65秒で挿入点数13、したがって1点当り5秒であったものがその後年々過密化し、1982年では1日の生産台数650台、1台当り40・6秒、挿入点数15で1点当り2・7秒に短縮されている。さらに今日では850台から1000台ながれるコンベアもあると報告されている。コンベア作業者の中に「こんな仕事、自分が人間だと思ったらできない」といわしめるほどこの作業は非人間的労働化している。休憩の少ないこと、その時間の短いことから、休憩の合図と共に床にねころぶもの（床にねころぶことも許されない職場もあるが、この場合はいっそう苦痛である）、また、自由にトイレにいけないため、女性の生理が作業服を汚すなどの状況もみられる。最近、職場で「明日から850台（それまで800台）流します」と職制がアナウンスすると職場労働者がいっせいに「それは無理だ」と叫んだが、職制は「実は今日も850台流れているのだ、やれるではないか」といったという報告もある。このような職場ではスピードについていけない労働者の前には製品がたまり、班長が必死になって手伝うがそれでも仕事をこなせない。すると職長がきて「何やってるのか、そんなことで生産台数があがるか」とどなる。そんな場合、職制同士のつかみ合いのけんかもめずらしくないという。まさに、ストレスのるつぼである。この会社の社長は「うちの会社は人間をつくる会社である」といっているが、労働者の申告によって立入り調査をした監督署の署長は、「コンベアの速度は人間に合わせるべきだ」と勧告しているのである。このような作業そのものには、本来、労働がもっている計画性が奪われつくし、生き生きとした創意性、工夫性、自律性が奪われ、したがって仕事の楽しみがなく、労働というより単なる動作である。

また、ひっきりなしに、かつ、自動的に耳にとび込んでくる電話交換は、短時間に応対処理することと合わせて、その過密性と極度の神経集中、休憩の量質の不足と、その上に「客へのサービス確保」を口実にした職制の背面や横側からの監視およびコントロール台からの無差別の監督（盗聴）が行われている。そして、隣席の同僚（互いの肘が接触しかねない程の窮屈さ）との一瞬の私語（たとえ仕事と関連するものであっても）もきびしく叱責する。トイレに行くため交換台を離れるときも、「トイレに行かせて下さい」と主任にいちいち断って行く。仕事中の、私語、あくび、のびなどは疲労の表現である。そのような生理的現象を自由に発現することによって、ほっと一息つくことで一時的にもストレスを解消し、作業を持続させることができるなら、それらは人間の自然（生理）にかなったものとして許容すべきことは当然のことだし、本来かららいえば何よりも過密性を緩和し、１連続作業時間の短縮と休憩の配分を適切なものにし、疲労が進まないようにするべきである。交換の応対中に、客によっては暴言を吐いたり、卑猥な言葉を発するものもいるが、そのようなとき、同僚にすぐに訴えることでストレスが解消されるが、それを禁じられると家に帰ってまで、不快な気持がとれないという。

以上のような作業・職場では、脳神経は常に緊張・疲労させられ、筋疲労はいうまでもなく、その上に心の疲労、ストレスは蓄積される。

(2) 能力主義管理と競争

次に、以上の作業（量）を確保（強制）し、いっそう促進するための能力主義管理である。能力主義管理は人間を「能力」（業務遂行能力）と見て、競争をとおして職場要員の少数精鋭化を徹底し、同時に労働者をして自らすすんで労働強化に精を出さしめるための管理方式である。この能力競争の舞台装置としては、賃金形態の職務・職能給化と昇進、昇格、昇給のふるいわけ、それに配転、出向、応援、移籍そして肩たたき退職も含め、これらに対する激しい人事考課の制度を用意する。他方で、能力育成・開発管理が推進される。前記の反生理的過密動作にわき目もふらず追いたてられ、隣の仲間との共同・連帯意識も阻害され孤独化される上に、仲間同士が相互に競争場裡におかれる。今日増加している営業、販売、金融・保険・証券、薬業等々における加入者獲得、売込みの業積競争とその成績いかんに直結する賃金額の多少。また、ノルマ未達成者を3日間支店長室に立たせたとか、家庭訪問の際、土下座して頼みこめ、土下座はこうしてするものだと職制が「指導」したとの報告もある。

このような強制される競争に勝ちぬき、昇進、昇給することを求めるか、あるいは、たとえ不慣れで心身ともに負担の多い仕事と生活がともなう配転、出向、ときには単身赴任であっても上向異動を求めるならば、企業の要求する能力開発に積極的に応じ、場合によっては技能習得のため自費で各種学校に通うことも含め、高い能力評価を受けるために研鑽、努力しなければならない。しかし、この努力の実を結ぶものは当然ながら相対的に少ない。そのことは労働者自身多かれ少なかれ知っているとすれば、努力自体がストレスを伴うし、評価結果に対する不安は頭から離れない筈だ。しかもこのチャンスは1回きりのものでない、競争は数十年の長期にわたって日常化している。単身時代から始まって、結婚、家族数の増加、子供の成長につれて昇進、昇給の重みは増す。しかし昇給は老後生活にまでかかわりをもつ。しばしば、過労状態におかれながら、日常的におそってくる雑多なストレスと不安、その上に背負わされる将来にわたるまでの不安の性格は重いといわざるを得ない。

能力主義管理にはもう１つの柱として小集団管理がある。先にみたように人員削減の上に労働密度の強化、非人間的労働を労働者に「自主的」「自発的」にとりくませようとする管理である。たとえば、目標管理は企業目標と個人目標とを合致させるための管理であるが、人員削減と超過密労働が強行されているもとではこの合致は困難である。とくに今日、企業の生産、収益目標は、年次有給休暇や生理休暇など労働基準法の最低基準さえ守れないことを前提にした生産目標が立てられているなかでの合致である。そこで利用されるのが小集団管理である。つまり、小集団のチーム・ワークによって、チームの圧力によって一人一人の労働者が役割を自覚し、責任をもって自主的に作業の遂行をはかることを要請するものである。小集団への帰属意識を高め、小集団間の競争、さらに勝利者に対する表彰などによる人間労働の心理を巧みに利用するものである。

人間労働は人間の生きた身体すなわち人格にそなわっている、肉体的精神的能力の総体としての労働力を道具・機械など労働手段を媒介にして対象に働きかける活動（労働力の消費）である。そして、その活動は本来、目的意識的活動であり、かつ集団的共同労働である。目的意識的かつ共同的労働による対象（環境）の変革・獲得であることは、そのことによって人格の発達・成長をもたらすものとなる。しかし、資本主義的生産が発展し、労働が多くの労働者により、機械化技術化を軸に、ますます組織的・共同的に行なわれるようになるに従って、計画機能は経営側が把握し、多くの労働者はその計画に忠実に従う方向が強化される。このことは人間労働の本来的な性格である目的意識性が現場労働者から取りあげられることになる。

先にみたように現実には、時間、動作研究にもとづく作業の標準化・細分化は労働の目的性、創意・工夫性、自律性をなくし、しかも、一息つく間もないスピードアップ、過密状況のもとで考えることがかえって邪魔になる連続動作、そのうえに競争的人事管理が支配することで労働者の孤独化が進行する。このような、人間労働の姿を失い、しかも、毎日の労働力の支出の正常な範囲をこえ、個人差があるにせよストレス・不安に対する心身の防衛機能の限界をこえる労働（動作）の強制は、労働能率の低下をもたらさずにはおかない。それだけでなく、労働者の人格の成長をさまたげるものとなる。そこで、経営側は「社会的集団としての労働者の労働に注目し、それを活用する管理方式[注1]としての小集団管理を利用する。それは小集団ごとに全員参加を前提にし、たとえば、労働者相互の感情の交流、性格の相互理解、コミュニケーションの活発化をもとに、仕事を通して自分を成長させるため、職場に明るい人間関係をつくるため、仕事の結果が他人に喜ばれ認められるためにどうすればよいかなどを討論させ、さらにはそのことを基礎に、生産量増大、歩留向上、ノルマ向上、能率向上、作業時間短縮など企業目的達成のための具体的目標、段取りを設定させ遂行させるものである。その結果の成績によっては表彰し、小集団間の競争を通して労働者の心理を巧みに労働能率向上、企業目標に「自主的」「自発的」に合致させようとするものである。

これは企業経営のもとで喪失させた目的意識性と集団性を、小集団活動のなかで擬制的に復活させようとするものである。擬制的であるとは、いかに自由に討論し、自主的・自発的に参加し活動し、目標を決めるといっても、所詮は企業組織の枠内で、経営目的達成のため、企業方針線上での効率アップが目的であるからである。その結果は労働強化を促進することにならざるをえない。そればかりか、改善提案を出すこと、提案されたものを検討しまとめ、また発表準備や発表それ自体が新しい仕事増であり、さらにそのための不払いの時間外労働も多くの職場で訴えられ、告発されている。

しかし、擬制的とはいえ、いい仕事をしたい、技術・能力を高めたいなど労働者の要求に合致する側面もあり、一時的にしろ意欲・情熱を傾け、そのことによって小集団活動が活発化することも少なくない。しかし、個々の労働者の意志・意識のいかんにかかわらず労働者をより長時間拘束し、また、小集団活動への参加ぶりや提案の量質が昇進・昇給の査定対象となること、また、そのために帰宅後もそれにとりくむことは、心身への重い負担になっていることは間違いない。

(3) 横行する排除・孤立政策

企業共同体への労働者の一体化とそのための、いわゆる職場の専制的な支配の強化である。それは、人間の自由と民主主義の抑圧として表われている。賃金差別、性差別、不当配転などによる裁判闘争は今日の職場に対する労働者の分断と差別の顕在化したもので氷山の一角である。すでにみてきたように今日の職場は、それ自体が、能力主義管理のもとで、差別と分断、選別と切捨ての構造になっている。この構造になじめないか、なじまないことを意志表示するもの、たとえば、病人や自由と尊厳、人権を主張するものに対しては排除、孤立化政策がとられる。それは「いやがらせ」、ときには、暴力としても表われる。例えば、レクリエーション（フォーマル、インフォーマルを問わず）や同僚との食事、お茶を飲むことから排除されたり、写真もいっしょにとらせないなどの形態は多くの職場で報告されている。「『アホ』『バカ』『ボケ』『～させろ』『～してこい』『無能力者』『仕事をする気のないものは辞めろ』等の言葉が職場で平気で使われている。講習会や親睦行事、レク行事等、全員参加が強調され、参加しないと白い眼で見られ、職場八分に近い状況にされる。少し手が遅い、のみこみの悪い人は、同僚からもバカにされ、居たたまれず辞める人が多い。職場の人達は仲間はずれを恐れ、不安がり、仕事に人間関係に神経をとがらせ、疲れはてている」（生命保険職場）という報告[注2]もある。日本電電株式会社のある職場では所長が「民間（経営）における競争の厳しさは、やぶれたものが消えてなくなるところにある。このように厳しい闘いの場において、仲間が闘っているとき多くの病人や負傷者および無能者をかかえている部隊が闘いに勝てる道理がない。お荷物にならないよう自己研鑽につとめ一騎当千の武者たるべく一日一日を過していかなければならない[注3]」といっているが、まさに今日の職場のファッショ化を端的に表わしている。このような専制支配のもとで「からだをとるか」「仕事をとるか」「からだの具合が悪いなら、会社をやめてパートに行けばどうか」「かぜひきは気のせいだ」など職制が職場でどなりちらしている、とも報告されている。このような職場のなかで疲れはてている不健康者、慢性病をもっているもの、過密な仕事や新しい技術についていきにくい中高年者、権利主張をする労働者に対する排除政策が行われているのであるが、これは彼らに対する「いやがらせ」、排除をみせしめにして職場全体を専制的に支配しているのである。労働基準法（人たるに値する労働条件、生活条件）、労働安全衛生法（快適な作業環境）、そして憲法（人間の尊厳）などを無視した言動であり、人間と労働に対する冒瀆である。

(4) ストレスを生みだす職場・生活環境

以上のような、労働者の過労、もろもろの不安、ストレスを生みだしている職場の合理化が、労働者の失業不安（中小企業の倒産2万件とあいまって完全失業者161万人というかつてない失業増による）と生活不安（9年つづきの賃金抑制のもとでの税金、社会保険料の増加と給付の著しい削減、あいつぐ公共料金の大幅アップ、生命保険やローン返済などによる赤字・借金家計による）をテコにして強行されていること、しかも本来、合理化を規制し、労働条件の改善、職場の安全、労働者の心とからだの健康とくらしを守るべき労働組合のなかで、とりわけ大企業の労使協調の立場をとり合理化に協力する組合幹部が支配する労働組合のもとで労働者が合理化に抵抗しにくい状況をつくり出している。それどころか低賃金をカバーするために、すすんで残業、休日出勤、深夜勤務を希望する労働者を増加させている。

以上みてきたように職場の合理化は、①新しい技術を軸にした少数精鋭をねらった人員削減、そのもとでの反生理的長時間過密労働、②それを強制するための競争的人事管理、能力主義管理の徹底、③少数精鋭実現のために政策的・人為的につくり出された「無能力」者、病人、不健康者の排除とそれを「みせしめ」にした職場の専制支配、④抵抗しない労働組合づくりの成功が今日の職場労働者をして過労と不安、ストレスをつくりだしているのである。そして低賃金、長時間、過密労働の職場のあり方が、家族（家庭）生活に、もろもろの障害をもたらし、そのこととあいまって、結果として心身の健康障害を多発させている。

小西輝夫氏は『サラリーマンと心の健康』[注4]の中で、「ある程度以上の規模をもつ企業体ではあらゆる種類の精神障害がいちおう発生するものと考えてよいでしょう。従業員の平均年齢が若ければ分裂病発症の比率が高いであろうと思われますし、平均年齢高ければうつ病がでる可能性が高くなるでしょう。また、デパートや銀行のように接客が業務において重要な意味をもつ職場では神経症（ノイローゼ）や情緒障害が多く、肉体労働業種ではアルコール依存や外傷に基因する精神障害が多いと考えられます……」といっている。

職場の生々しい報告では、毎日ノルマに追われる中で胃腸障害、内臓疾患、過労が原因とみられる急死や自殺が発生している。昨年8月、帰宅途中、親睦会の預金通帳の入ったバックをとられたAさんが、翌日の朝、高層団地の窓から飛びおり自殺をした。「迷惑をかけた、生きる自信がなくなった」と書きのこして。また、「入社して3年、求められるままに精一杯働き、サークルやレクの委員を引き受け、毎朝早朝出勤し、毎日帰りは9～10時と遅く、昼休みも仕事の打ち合せなどしていた。『なんぼしても仕事の山が減らない』と積極的に働いて、神経をすり減らし、生きる力さえ失ってしまった」「職場ではノイローゼ、うつ病、若い人達の肩こり、眼の疲れ、腰痛など、深く広く進行している」[注5]のである。

（注1）島弘『現代の労務管理』有斐閣　1981年4月
（注2）浜田浩子「住友生命の『合理化』の実態」大阪労働者の生命と健康を守る実行委員会『労働と健康』第67号　1985年2月
（注3）大阪統制無線中継所発行「NEWS」№61、1984年12月
（注4）小西輝夫『サラリーマンと心の健康』NHKブックス　1984年7月

（注５）浜田浩子「住友生命の『合理化』の実態」大阪労働者の生命と健康を守る実行委員会『労働と健康』第67号　１９８５年2月

第2章　職場における心の健康を守るとりくみ

労働運動、労働組合運動のなかで、労働者の生命と健康（心とからだ）を守るとりくみの基本は、いうまでもなく①早期発見、②早期治療、③早期職場復帰である。そのために、自分も含めて、心身の正常でない状態（同時に正常でない職場状況）について見る目をもつことはいうまでもない。さらに、精神疾患とまではいかなくても、精神的不健康・不安定者に気づいたとき、それを放置しないこと、そして、労働者の立場に立って診断・治療に努力してくれる医師との出合いが非常に大切である。これが健康を守る運動の出発である。そして、本人が安心して休養・療養ができるための保障、すでに病気になってしまった場合の業務上認定の獲得と補償の充実さらに職場改善の要求運動である。

この道筋は、頸肩腕障害、腰痛、その他すべての職業病運動の長い経験が教えるものである。職場における心の病、不健康についてもこの道筋はあてはまる。しかし、心の病気になった労働者の、例えば、東北新幹線上野地下駅の設計技師の反応性うつ病の労災認定（１９８４年2月）や高校教師の、生徒の集団暴力、万引き、弱い者いじめなど続発する非行対策による心身の過労とストレスによる神経症の労災認定などの運動があるが、労働運動全体としては、心の不健康や病気に対する労働者のとりくみはまだ日が浅い。なによりも早期発見の目と構えが共通のものとなっていない。

ここでは精神疾患者あるいは不健康・不安定者と思われる仲間を発見した場合の労働者（労働組合）のとりくみの方向と留意点についてまとめてみたい。

（1）心の不健康対象者を放置しないこと

精神疾患者あるいはそうでないかと思われる仲間（以下対象者）を見すごしておかないこと、これはいうまでもなく出発である。しかし、現実には先述したような職場状況、人員不足と労働強化のなかで、仲間についていけない、人間関係を損なう、なかには、周囲の仲間にいやみをいう、くってかかる、弱点をみつけて追求する、話しの輪に入ってこない、人には直接迷惑はかけないが1人で新聞ばかり読んでいる、ものをいわない、家から植木鉢をつぎからつぎへと職場にもってきては並べる、清掃ばかりし隣りの職場にまで出かける、など総じて職場の迷惑になることが多いことから、精神病に理解がないか不充分な場合には、最もつらい立場にある本人の立場に立つよりは被害者の立場でみるため、その人がいない方がましだという雰囲気、感情から、つい放置するか、さけてしまう場合が多い。見すごさないためのとりくみは、不健康の職場の原因、今日の職場状況の認識と職場の精神衛生、精神病について正しい科学的な目をもつための専門医・研究者の援助による学習が欠かせない。そのことは職場における心の病に限ったことではない。すでに今日までのあらゆる種類の職業病運動のなかでの学習活動と同じである。

(2) 専門医に相談すること

対象者をなるべく早く経験ゆたかな専門医のもとに連れていくとりくみが必要である。しかし対象者に病識（病気であること、少なくとも精神的に不安定であることの自覚）がない場合あるいは病識が不明確な場合は容易ではない。しかし、いずれにしても、まず発見者の観察が一程度正確でなければならない。したがって、（イ）観察結果を医師に報告し、さらに医師から観察点（方法）を教わり再観察をした上で、医師の指示を参考にして対象者に働きかける行動をとる。（ロ）その場合、最も大切なことは、対象者の悩み苦しみをできるだけ理解し、信頼され、心を開いて、感情の交流ができることである。これが出来るまでには、場合によってはかなり長期を要することもある。しかし、これが出来ただけで対象者は相当に心の重荷をおろすことができるものである。（ハ）また家族にも接触し、家族のよき相談相手になる努力も必要である。とくに家族の場合、過大に視ている場合や、逆に全く気づいていないか、過小にしかみていない場合がある。そのことがまた、対象者の心の不健康を促進していることも少なくない。（ニ）以上のようなとりくみの上に対象者を医療の場にのせることの努力が必要である。この場合、職場の同僚や家族が同道し、あるいは事前に職場や家庭での対象者の状態を医師に情報提供することが大切だと思われる。そのことは医師も資料として必要とするに違いない。また対象者が過ごす時間は医師の前よりは職場の同僚や家族の中の方が圧倒的に長いわけで、したがって、同僚や家族が対象者にどう接するかについて医師のアドヴァイスを得ることが大切である。医師の治療（医療機関における）と共に職場と生活の場における人間関係や諸環境・条件が対象者の回復のため適切に改善されることが治療とリハビリの基礎である。

（３）心の健康の水準をはかる４つのポイント

すなわち、①自分を客観的にみる力、②現実を確認する力、③障害をのりこえる力、④環境への適応力は20歳位までにつくられるという。[注1] しかし、これらの力をつくるためには家庭のくらしや教育、学校生活や教育、地域社会そして国の諸政策とくに文教政策による人間の育てられ方、育ち方によるところが大きいことはいうまでもない。現代社会においては、そのそれぞれにおいて深刻な問題のあるところであり、心の健康を守り、増進するためには、取りあげ、取りくまれなければならないし、すでに多くの人達によって保育運動、教育運動、社会運動として進められている。

ところで問題は、これら４つの力が不充分にしかつくられていないとしたら、その人達にはもはや成長・発展がないのだろうか。また、４つの力に欠けておれば、その人達は全て心の病にかかるのだろうか。さらに、４つの力があれば、心の病にかからないのだろうか。人間はいうまでもなく諸関係の中で生きている。４つの力があるといっても、その力は万能ではない。すでにみたように今日の職場状況は人間の正常な労働の支出の範囲をこえたものであり、心身の防衛機能の程度をこえたものなっている。その具体的かつ直接的な表われが、頸肩腰障害、腰痛、精神障害、過労死、職場自殺の多発でありそして多くの健康状態の悪化である。ここに労働組合の組織機能について考えざるを得ない。労働組合はいうまでもなく、気の強い人、弱い人、単身者、家族もち、子供がまだ小さい人やすでに成人した人、家庭にねたきり老人など介護を要する人をもつ人など千差万別である。そして４つの力の程度もそれぞれ違いのある人達によって構成されている。その労働組合が労働条件、生活条件を守るため資本との闘いの中で、経合員が相互に助け合い、励まし合い、支え合い、みんなが成長し、いいかえれば団結し、その中でもろもろの困難をみんなでのりこえていくものである。この４つの力も、固定的なものでなく、この団結と闘いの中で変化、発達するものである。しかし、今日の労働組合の中には労働条件、生活条件を守るため、資本の「合理化」と闘わないが故に、団結しないが故に、それどころか、労務管理の一翼を担うことによって、労働者のたくましいからだと心の成長を阻害していることが多いのではないか。

しかし、このような労働組合のもとでも、職場の中で職業病患者や健康を守る権利意識の高い労働者によって組織されている患者会や健康を守る会、あるいはそれらの地域における組織（職業病対策連絡会とか実行委員会など）などが10数年前からつくられ年々その組織を広げながら活動している。このような「会」は、労働者のからだと心を通して「合理化」の本質と形態を明らかにし、生命と健康と生活を守る具体的な改善要求運動を前進させ、その中で、悩みと苦しみを交流し、助け合い、支え合い、励まし合い、団結する機能を果している。このような運動の流れを職場にいっそうに広げるための展望を切り開くことに注目したい。

最後に、心の健康を守る労働運動にはさけて通れない問題として、心（精神）以前の問題として労働者としての「生き方」の問題があるのではないか。将来に展望と確信をもつことが、毎日、まいにちの心を支える土台になるのではないか。

このことは、労働組合運動自体の課題であると思われる。

（注１）水野洋「働くものの精神衛生―こころの生理学―」『労働経済旬報』№１２９５、１９８５年

初出について

本書は既発表論文を加筆、再構成したものである。初出論文は以下の通りである。

第1部

「いのちと健康を守る運動と私」（連載「たたかいの記録」）働くもののいのちと健康を守る全国センター『季刊働くもののいのちと健康』№23、2005年5月、№25、2005年11月、№26、2006年2月、№27、2006年5月、№28、2006年8月、№29、2006年11月

第2部

はじめに、第1章〜第4章

「大阪職対連と大阪労働健康安全センター－役割のちがい―」（連載）大阪労災職業病対策連絡会『労働と健康』第253号・2016年1月〜第256号・2016年7月

第5章

（1）大阪労災職業病対策連絡会『労働と健康』221号、2010年9月

（2）大阪労災職業病対策連絡会『労働と健康』200号、2007年3月

（3）「『働くもののいのちと健康を守る全国センター』への期待」大阪労災職業病対策連絡会『労働と健康』145号、1998年1月

第3部
第1章　大阪労災職業病対策連絡会『労働と健康』第111号、1992年5月
第2章　大阪労災職業病対策連絡会『労働と健康』第141号、1997年5月
第3章　大阪労災職業病対策連絡会『労働と健康』第144号、1997年11月

第4部
「Ⅷ　労働者・労働組合の職場における安全衛生活動」辻村一郎監修　安全衛生講座企画委員会編『現代労働と健康の基礎論』大阪労働健康安全センター、1999年

第5部
「労働者の『こころの健康』を守る運動」『労働経済旬報』No.1295、1985年

辻村　一郎（つじむら　いちろう）

1937年　大阪府堺市に生まれる
1958年　同志社大学経済学部卒業
1960年　同志社大学大学院経済学研究科（応用経済学専攻）修士課程修了
1962年　同志社大学文学部（社会学科新聞学専攻）助手
1968年　同志社大学文学部（社会学科産業関係学専攻）助教授
1994年　同志社大学文学部（社会学科産業関係学専攻）教授
2001年　同志社大学名誉教授
2016年1月11日　逝去

●装幀――上野かおる

働くもののいのちと健康を守る運動 ―その原則と道筋―

2017年3月5日　第1刷発行

著　者　辻村一郎

編　者　藤野ゆき

発行者　山崎亮一

発行所　せせらぎ出版

〒530-0043　大阪市北区天満2-1-19 高島ビル2階

TEL. 06-6357-6916　FAX. 06-6357-9279

郵便振替　00950-7-319527

印刷・製本所　牟禮印刷株式会社

 ISBN978-4-88416-253-5